JN257564

神の新創造

GOD'S NEW CREATION

聖書に啓示された自然法則を超えるマインドのパワー

Dr.ルーク・カラサワ

文芸社

主イエスならびに主と共にある母に捧ぐ

目次 ◇ 神の新創造 GOD'S NEW CREATION

——聖書に啓示された自然法則を超えるマインドのパワー——

ポータル7：永遠の世界に生きる……261

推薦の言葉　星薬科大学大学院名誉教授　薬学博士仲嶋正一

著者の唐沢先生とは、不思議なご縁で交際させて頂いています。先生は、淡泊、情熱的、加えて、何よりも強く燃えるようなキリストへの愛と献身によって、生活のすべてをつらぬかれておられる、尊敬に値する優れた聖書の教師です。

この書では、創世記に始まる聖書全巻が、超自然、天地創造の神ご自身が、「我々にかたどり、我々に似せて、人を造ろう」という神様レベルの無限の愛を示しつつ創られた〝人〟への神の絶大なる愛の記録であることを、正確な優れた解釈と記述によって語っています。読者は、この本を読まれることによって、キリスト教が、何故、世界の三分の一と言われる多くの人々の信仰を集めているかということを理解されることでしょう。

人が神を愛するのではなく、神が究極まで人を愛されて、神の写しとして人を与えられ、愛されながら、楽園に居たアダムが罪を犯したために、人間は地上でサタンの標的となった、その人間を、神は決してあきらめられることなく、十字架のキリストによって救われる絶大な愛。聖書に示されるこのドラマチックな人への神の愛、それがそのまま、わたしへの愛でもあることを悟るとき、読者は、神とは何か、己との尊い関係を知って驚き、悔い改めによって神に近づくことができることでしょう。

愛故に、三位一体の神の子なるキリストを十字架上に与えられ、復活によって人類を、原罪によって生じたこの世の、悲劇の現実から救われる、映画のような、神の意図の鮮やかな写実的な表現が、先生の奥深い聖書の学びを通して、読者の心に注がれ理解されれば、キリスト教未信者の方々も神を見つけることができるでしょう。

唐沢先生がこの本に説明されていることは、神様が聖書を通じて人間に開示された超自然の恵みについての詳細な記述です。聖書には、人は、信仰によって神から限りない力を与えられるという真理が示されているのだけれども、そのことを、それほどには正しく把握していなかったクリスチャン、もともとスーパーナチュラルな神様を信じながら、己の中に自己流の小さな信仰の世界を作りがちなキリスト信者に、著者は聖書の真理を旧、新約聖書全巻を通して明快に解説することによって、信仰者は、さらに祝福され、大きな悦びと自信を得て、ハレルヤ、新たなる信仰の力へと導かれることでしょう。

この書が先生の意図される、「未信者に対する聖言による直球勝負、キリストの信仰へ」であるならば、読後、さらに先生の前著『真理はあなたを自由にする』（リバイバル新聞社刊）をも読まれることもお勧めします。

これは、キリスト教の神髄に未だ触れていない方にも、またさらに信徒である方々にも推薦される良書であると思います。

尊敬する唐沢先生が、本書の成果を通して、主から祝福されることを確信して、推薦の言葉と致します。

略歴

・1953年、東京大学医学部薬学科卒業
・1966-1969年、米国コロンビア大学客員研究員
・1970-1995年、星薬科大学大学院教授
・1996-1999年、中央聖書神学校聴講生
・2011年、瑞宝中綬賞受勲
・日本アッセンブリーズ・オブ・ゴッド教団港南シオンキリスト教会（野川悦子牧師）所属
・多数の専門論文や著書の他、信仰関係の著書として、『主イエスとともに』（正一・啓子共著、福音出版社）、『み神を慕いて』（正一・啓子共著、文芸社）などがある。

・ホームページ：「聖書の神の出会い」（http://mikamiwositaite.c.ooco.jp/framepage1.html）

プロローグ

不可能を可能にするスーパーナチュラルなフェイス（FAITH）の世界へようこそ。この本を手にされる方は、けっして偶然ではありません。神（God）のスーパーナチュラルな導きがあるのです。

本書は神の存在や聖書が神の言葉であることを論証する意図はありません。神の領域に至る門、すなわちポータルを紹介し、ア・プリオリにその世界に入り込み、その名所を探訪したいと思います。異国を訪れる時と同様に、「なぜ?」とか、「ナンセンス!」といったカルチャーショック的感覚が次々に湧くかと思いますが、しばし脇に置いて、とにかく一度全体を巡ってみてください。

さて聖書がいう神（God）とは、天地万物を創造された唯一の存在です。天地万物はナチュラルな世界、神はその中に自然法則を制定され、天地の運行をその法則に任され、自然科学の研究対象となります。現代数学と物理学の創始者ニュートンもクリスチャンであり、その精緻な神の法則の追求に人生を捧げました。信仰とサイエンスは対立するものでは、本来ありません。

この秩序ある美しい自然界を造られた神は、それによってご自身を証していますが、これを一般啓示と言います。その神ご自身は当然自然法則を超えるスーパーナチュラルな存在。そのスーパーナチュラルな方が、罪を犯した人類の救いのためにこの物理的世界に介入された、と聖書は告げます。この介入によるご自身の証を特別啓示と言います。

したがって聖書の啓示する世界は、本来、物理的時空間に束縛された私たちのマインドを超えるものです。いわゆる五感では把握できない世界であり、普通の理解ではおとぎ話、神話の類と思えるでしょう。が、それはリアリティー、そこに至るポータルは人の霊にあると聖書は説きます。

常識的にはイエスは「キリスト教」の教祖と思われています。が、違います。彼は二千年前に創造主なる神が肉体を取られたスーパーナチュラルな存在です。では現代の私達と何の関係があるのでしょう?

聖書も「キリスト教」の教典ではありません。では、どんな書なのでしょうか? それは神がこの物理的世界に介入されてすべての人に語られた神ご自身の言葉です。約千六百年ほどの間に様々な階級・職種の四十人程が記録したのですが、一見矛盾だらけのように見えながら驚くべき全体的統一性と整合性があるのです。

聖書はいろいろな視点から読むことができ、「キリスト教」の教典・規範とか思想や道徳・倫理などの書物と考えている人にとっては本書の内容はちょっと理解しがたいことでしょう。聖書はすべてイエスの誰であるかを語り、旧約聖書は予型として、新約聖書はご自身を証します。二つはイエスを要としてはじめて個々の意義と互いの関係を明らかにされます。

本書では自然科学系の人間として、信仰の有無に関わらず読者と同じ目線と問題意識を保ちつつ、聖書を旅してみたいと思います。そしてその純粋なエッセンスを抽出したいと思います。歴史的に人間により組織されてきた「キリスト教」という一つの宗教の神学や儀式や伝統などのフレームに縛られず、万物を創造された超越者の言葉のうちに直に飛び込み、人間のマインドによって加工されていない生の神の言葉が啓示するスーパーナチュラルな世界を探検したいと思います。

物質至上主義が行き詰まり、政治経済も不安定となり、不気味な犯罪も多発する昨今、地上にはあたかも地獄の門（ポータル）があちこちに開かれているようです。世界情勢もきな臭く、先が見えません。

実は、これも聖書の予言のとおりなのです。しかし、絶望には及びません。二千年前にイエスがヨハネよりバプテスマ（浸水礼）を受けられた時、天は裂かれ、その後も天は開いているのです。それは、神の国への門（ポータル）。そうです、スーパーナチュラルな世界は開かれているのです。その天の領域、神の国へのアクセスにはマインドの再構成と霊の再生が必要です。

生ける神に出会う時、目の前の事件や事象によって振り回される生き方から、ダイナミックに神の国の豊かさを味わう生き方にシフトする道を見出せます。人生の方向を変え、新しくデザインすることができるのです。鍵は神の言葉にありますが、神は今もなお語るお方です。

「神の国は信じる者の内にある」とイエスは言われます。そして「神には不可能なことはない」、さらには「信じる者にはできないことはない」とまで言われます。これはどんなことを現代の私たちに意味するのでしょうか？

本書はスーパーナチュラルに地上に介入された神人（God-Man）であるキリスト・イエスの世界を描く聖書という大海を旅するガイドブックです。Bon Voyage!

本書で引用する聖句は口語訳を原則としますが、比較的原語に近い訳を求めて各種使い分けします。聖書により用語の統一性がありませんが、引用部分ではできるだけそのままにしてルビで定義します。さらに、邦語訳には訳者による意訳や解釈が入っているため、一部、原語（旧約＝ヘブル語、新約＝ギリシャ語）に従った語句に修正しています。その場合は〝（原語）〟と注記します。また本書で紹介する年号は、異説もありますので、ひとつの目安と考えてください。

引用聖書

・『口語訳聖書』、日本聖書協会
・『新共同訳聖書』、日本聖書協会
・『新改訳聖書（第二版）』、日本聖書刊行会
・『新約聖書』、岩波書店
・"The Holy Bible -King James Version", American Bible Society

▼ポータル1：エデンの園での出来事

◆人（アダム）の由来と楽園生活

はじめに神は天と地を創造された。……神は「光あれ」と言われた。すると光があった（注1）。

―創世記1章1―3節

神は時間（はじめに）と空間（天）と物質（地）を創造されました。創造と訳されたヘブル語〝bara〟は無から有を生じることです。物理的時空間と物質（エネルギー）は無から存在するに至りました。そして、神は言葉を語ることにより、光をあらしめ（一日目）、大空で上の水と下の水を分け（二日目）、陸と海を分けて草や果樹を生じさせ（三日目）、大小の光をあらしめ（四日目）、種に従って海と空の生き物を造り（五日目）、六日目に地の生き物と人を造られ、七日目に安息されました（注2）。この美しい自然界を含む万物は神の言葉（注3）によって造られたと聖書は証言しています。

神の見えない性質、すなわち、神の永遠の力と神性とは、天地創造このかた、被造物において知られていて、明らかに認められるからである。

―ローマ書1章20節

（注1）「はじめに神は」とある「はじめに」はヘブル語で「ベレシート」です。スペルは〝BRAShYT〟（ヘブル語は母音を略し、Aは発音しません）。ヘブル語のアルファベット（これ自体がヘブル語の「アレフ（A）」と「ベト（B）」の意味です）には数字がふられており、これをゲマトリアと言いますが、同時に象形文字的な意味あるいはシンボルも付けられています。すなわち、

B：テントあるいは家
R：最初あるいは高い人
A：牛・雄牛、第一の・神の究極の力
Sh：歯、破壊する・殺すこと
Y：腕、自分の努力・わざ
T：十字架・完成、しるしと契約

BとRで〝BAR〟と読めますが、これは「誰々の息子」の意味です。そこでここに埋め込まれたジェネシス・コードは、「神の最初の息子が十字架で自らの手によって殺され契約となる」と解読できます。これは誰を指すのでしょう。聖書の最初の五書を「モーセ五書」と呼び（ヘブル的には「トーラー（＝教え）」）、『十戒』や最近のハリウッド映画『神と王』で有名なモーセ（BC一五〇〇年頃活躍）が書いたとされています。イエス自身も聖書はすべて自分について語ると言っています（ルカ福音書24章44節）。なお、この「神」は〝Elohim〟で複数形です。ところが単数形の動詞で受けています。この事実は後に触れる「われわれ」と同じ意義を有します。

（注2）後ほど述べるように、1節と2節の間には時間的にギャップがあると考えられます。

（注3）この語り出された言葉をレーマ（Rhema）と言います。対して客観的に何かを記述・説明する言をロゴス（Logos）と言います。レーマは即時的かつ主観的、ロゴスは固定的かつ客観的です。本文ではそれぞれ「言葉」と「言」の二種類の漢字表現で区別します。この区別は重要ですので、あらかじめ覚えておいてください。

人の創造の模様は、次のように描かれています。

神はまた言われた、「われわれのかたちに、われわれにかたどって人を造り、これに海の魚と、空の鳥と、家畜と、地のすべての獣と、地のすべての這うものとを治めさせよう」。

神は自分のかたちに人を創造された。すなわち、神のかたちに創造し、男と女とに創造された。

神は彼らを祝福して言われた、「生めよ、ふえよ、地に満ちよ、地を従わせよ。また海の魚と、空の鳥と、地に動くすべての生き物とを治めよ」。……

神が造ったすべての物を見られたところ、それは、はなはだ良かった。夕となり、また朝となった。第六日である。

―創世記1章27－31節

人は神の形に、また神に似せて造られた被造物であると聖書は言います。他の被造物とはこの点で本質的に異なります。ですから人にはもろもろの徳性と能力があり、尊厳を有します。さらに詳細に見ますと、

主なる神は、土（アダマ）**の塵で人**（アダム）**を形づくり、その鼻に命の息を吹き入れられた。人はこうして生きる魂**（原語）**となった。**

—**創世記2章7節**（新共同訳）

アダムとはヘブル語の土とか土壌を意味するアダマに由来します。神によって創造された人類の始祖でした。神は人の体を土のチリから形づくり、その鼻に命（複数形）の息（霊）を吹き込まれると、人は生きる魂となったと聖書では述べています。ここで物質である体と神の息（霊）が何らかの相互作用を起こして魂が生じたと解されるのです。物質と霊が相互作用することは後で重要になりますので覚えておいてください。

つまり、人間は**体**（Body）、**魂**（Soul）、**霊**（Spirit）の三部分を持つ存在として造られました（Trichotomy）。この肉体的命をギリシャ語で〝Bios〟と言い、現代の生物学（Biology）の語源です。また、魂の命を〝Psuche〟と言い、これが現代の心理学（Psychology）の語源で、いわゆる精神のことです。現在、サイエンスで研究対象とするのはこの二つの要素だけです。

さらに、聖書は人には霊があると啓示します。霊は〝Pneuma〟と言いますが、空気とか息吹の意味です。え、霊って本当に存在するの？　霊っていったい何なの？　といった疑問はちょっと置いておいてください。もっとも重要な点ですので、後に詳細に検討します。

肉体は物理的実在と接触し、それを意識します。魂は**知性・感情・意志**からなり、自己意識の座です。いわゆる精神機能です。霊はもともと霊なる神を意識する座でした。「でした」というのは、アダムの堕罪の後、それは死んでしまったからです。

ここで重要なのは、最初の人アダムは神の形と様に似せて造られ、神の息（霊）を吹き込まれていることです。つまり当初のアダムは神的な存在と言えるのです。事実、彼は地（物質的世界）と生き物を治めることを命じられ、それぞれに名を付けています。これは現在でもサイエンスによってある程度実現していると言えます。地球上の種の数はどれほどあるでしょうか？　アダムの能力はいかばかりのものかわかるでしょう（注）。

主なる神は、野のあらゆる獣、空のあらゆる鳥を土で形づくり、人のところへ持って来て、人がそれぞれをどう呼ぶか見ておられた。人が呼ぶと、それはすべて、生き物の名となった。

―創世記2章19節

「見ておられた」からわかるように、神は人に対してある種の神的能力と権威を委ねられ、人が呼ぶことにより生物の名が付けられました。現代では言葉が記号化されて空疎な扱いを受けていますが、神の言葉を委ねられたヘブル語の世界では名は単なるラベルではなく、実質・実体と不可分です。つまり人が呼ぶことによりその生物の実質・実体が決定されたのです。呼ぶことは、もちろん言葉を発することです。神は言葉によって万物を創造されましたが、同じように神の形と様を持つ人も、呼ぶことにより、生物の実質を決定したのです。ある種の創造力をアダムは有していたのです。

当初、造られたばかりの人はエデンの園にあって、神の代理権を有しつつ、無垢の状態で神との調和ある交流の中であらゆる至福を享受して生きていました。裸でも恥ずかしさを感じないほどの無垢な状態で、アダムとエバは至幸の生活を送っていたのです。神はあらゆる木の実を食べてよいとし、何の欠乏ももがきも葛藤もない状態に生きていました。現在でも幼子は自意識にも悩まされず、親を単純に信じかつ頼り切って生きています。ところが成長と共に自意識に目覚めるや至福状態から追い出されていろいろと悩みが生まれるのです。

（注）この魂の神的な能力は次に述べる罪の結果、魂の深層に潜在化されました。時にこの能力が顕現するといわゆる超能力となります。本来有していたであろう人の能力の素晴らしさは、例

えば、サバン症候群などでわかると思います。

◆アダムの失敗——罪と死の侵入と統治権の喪失

神はエデンの園の中央に二本の木を生やしました。一本は**永遠の命の木**、もう一本は善**悪を知る知識の木**と呼ばれました。そして後者の実を食べると死ぬから、食べてはならないと命じました。ここで神はなぜ、あえて二本の木を生やしたのか、それは私たちの知性では理解できません。一つの理由は、人が自由意志を有していることを明らかにするためだったのでしょう。選択枝がないとしたらロボットです。

ところがサタン（悪魔）の化身である蛇の「神のようになれる」との唆しにのせられて（なぜエデンの園にサタンがいたのかは後ほどお話しします）、アダムとエバは禁じられた善悪を知る知識の木の実を食べてしまったのです。この木の実は「いかにもおいしそうで、目を引き付け、賢くなるように唆していた」（創世記３章６節）とあるように、神のようになれると見えて、実に魅力的だったのです。もともと人は神のように造られたのに、あたかも神が何か出し惜しみしているかのようにサタンは暗示を与えました（創世記5章5節）。それはサタンの願望の投影でもありました。

こうして人類は罪を得て、善と悪、生と死、快と苦など、相対的価値観の世界に生きることになり、葛藤や悩みが生まれます。罪とは悪を知ることではなく、善と悪を知ることです。

このようなわけで、一人の人によって罪が世に入り、罪によって死が入り込んだように、死はすべての人に及んだのです。すべての人が罪を犯したからです。　―ローマ書5章12節

それまでは彼らの霊は生きており、神の臨在と栄光に包まれていたのですが、罪の結果、良心が咎めを得て神と直接まみえることができなくなります。霊は徐々に死に、魂が肥大化して自意識に目覚め、自分たちの裸であることを意識して神から隠れ、いちじくの葉で自らの恥部を隠しました。この二人の行為から、悩みや苦しみは自意識から生まれることは誰もが納得できることでしょう。人の意識は〝見る自分〟と〝見られる自分〟に分裂し、絶えず自意識に責め苛まれるようになったのです。太宰治の『人間失格』の世界です。

かくして霊の死は人の内面に神に対する咎めと闇を生みました。内に暗い空洞ができたのです。

二人の目は開け、自分たちが裸であることを知り、二人はいちじくの葉をつづり合わせ、腰を覆うものとした。その日、風の吹くころ、主なる神が園の中を歩く音が聞こえてきた。アダムと女が、主なる神の顔を避けて、園の木の間に隠れると、主なる神はアダムを呼ばれた。「どこにいるのか」。

彼は答えた。「あなたの足音が園の中に聞こえたので、恐ろしくなり、隠れております。わたしは裸ですから」。

神は言われた。「お前が裸であることを誰が告げたのか。取って食べるなと命じた木から食べたのか」。

―創世記3章7―11節（新共同訳）

神の命に逆らうことによって、アダムは当初得ていた園の統治権を失い、地も呪われ、一生の間額に汗して土からの食物を得る労苦を、またエバは出産の苦しみを負わされました。さらに、彼らが罪を得たまま永遠に生きる（これは恐るべき事態です）といけないと神は考え、永遠の命の木に至る道を封じ、彼らを楽園から追放しました。同時にあわれみ深い神は彼らに皮の衣を着せてくださいました（創世記3章21節）。当然、皮の採取には血が流れるわけですが、これはイエスの十字架による血の贖いを予表しています。

人類の始祖である彼らは、神との交わり、生の目的、生命の保証、自己尊厳、そして統治権を失いました。これがいわゆる〝失楽園〟です。かくして人は自分の意志で生まれたのでもなく、また死ぬのでもない。しかし人生のもろもろの事象によって翻弄されつつ、死ぬまではとにかくサバイバルしなくてはならない存在、なんと不条理なことでしょうか。カフカの『変身』を読むまでもありません。神から切り離された人が自らの努力で失ったものを獲得しようとする作為が、この世で見られる様々の人の営みに他なりません。その営みが世の中を構成し、歴史として積み重ねられていくのです。そこに人類の罪の深さが証明されています。

◆神から離れた人類の歴史の展開

アダムとエバは楽園を追放され、最初にもうけた子がカイン（ヘブル語で「得た」という意味）でした。彼らは救い主の約束を得ていました。

お前と女、お前の子孫と女の子孫の間にわたしは敵意を置く。彼はお前の頭を砕きお前は彼のかかとを砕く。

—創世記3章15節

「お前」とはサタンのこと、「女の子孫」とは救い主です。そこで彼らはカインをして「得た」と期待したのです。が、カインは来るべき救い主ではないとわかり、次男にアベル（「虚しい」の意）と名づけます。このように、ヘブル文化では名前に実質があることを再確認してください。

時を経て、カインは土の実りを主のもとに献げ物として持って来た。アベルは羊の群れの中から肥えた初子を持って来た。主はアベルとその献げ物に目を留められたが、カインとその献げ物には目を留められなかった。カインは激しく怒って顔を伏せた。

—創世記4章3—5節

後にイエスの十字架刑でも触れますが、神がアベルを受け入れた理由は罪の贖いには血が必要であるとの神の法《ノモス》があるためです。

カインが弟アベルに言葉をかけ、二人が野原に着いたとき、カインは弟アベルを襲って殺した。

主はカインに言われた。「お前の弟アベルは、どこにいるのか」。カインは答えた。「知りません。わたしは弟の番人でしょうか」。

主は言われた。「何ということをしたのか。お前の弟の血が土の中からわたしに向かって叫んでいる。今、お前は呪われる者となった。お前が流した弟の血を、口を開けて飲み込んだ土よりもなお、呪われる。土を耕しても、土はもはやお前のために作物を産み出す

ことはない。お前は地上をさまよい、さすらう者となる」。－**創世記４章８－12節**（新共同訳）

かくしてカインはアベルに嫉妬し、彼を殺し、土に埋めて隠します。人類最初の殺人事件ですが、動機は兄弟間の嫉妬です。フロイトはこれをカイン・コンプレックスと言います。一般に人間関係のトラブルはたいていの場合、嫉妬が動機であることは誰もが知っていると思います。

カインは主の前を去り、エデンの東、ノド（さすらい）**の地に住んだ。カインは妻を知った。彼女は身ごもってエノクを産んだ。カインは町を建てていたが、その町を息子の名前にちなんでエノクと名付けた。**

－創世記４章16－17節（新共同訳）

主の前を去る、とは殺伐とした印象があります。ここで人が自力で生きるため、牧羊（20節）、娯楽（21節）、技術（22節）などの文明の素が生み出されます。これらはまさに現代の人間社会の構成要素です。人類は神から切り離されて神の保護と喜びを失ったため、文明という代用品を必要とするのです。人類はこうして自身の生存や享楽を担保するわけです。

その後、アダムとエバはセツ（「備え」の意）を産み、救い主の系譜はこの子孫につながります。すなわち人は神の備えにより生きるべき存在なのです。かくして人類は二つの系譜に分けられ、次々に増え広がりますが、聖書ではこの系図を詳細に紹介しています。

▼ポータル2：神による救いの計画

◆ノアの選びと契約

ノアが生きた時代はアダムとエバからはるかに下り、人々はみな主の言葉と約束を忘れ去り、「地上に人の悪が増大し、その心に計ることがみな、いつも悪いことにだけ傾く」状態であり、「神は地上に人を造ったことを悔やみ、心を痛められた」のです（創世記6章5節、6節）。そのような中でノアは全き人であり、主の御言葉を聞き、それに従って人々に「義を宣べ伝えた」のです（第二ペテロ書2章5節）。

しかし人々は彼を拒絶します。神はついに洪水によって地を裁くことを計画されますが、ノアは神の警告の言葉を聞き、それに従って箱舟を建造しました（このサイズの比はもっとも安定するもので、現代のタンカーでも採用されています）。神はノアと契約を結ばれ、ノアとその家族は救いの約束を受けました。そしてノアは「すべて主が命じられた通りにした」のです（創世記7章5節）。

はたしてノアが六百歳の時（注）、ついに天は破れて大雨が四十日四十夜降り続けました。

地は一面水で覆われ、すべての生き物は絶えました。洪水が引いて箱舟から出たノアは主のために祭壇を築き、その上で全焼のいけにえを捧げました。すると主は心の中で「わたしは、決して再び人のゆえに、この地を呪うことはすまい」と思われ、ノアとその息子たちを祝福されました。そして再び洪水で地を滅ぼすことはしないという契約を立てられ、虹をそのしるしとされました。この契約は普遍的かつ無条件であり、永遠のものです。こうしてノアの家族を通して、人類の新しい一歩が踏み出されたのです。

（注）ノアはレメクの子で、レメクが百八十二歳の時に生まれました。レメクはメトシェラが百八十七歳の時の子であり、メトシェラとは「彼が死ぬ時何かが起きる」の意味です。そこで「187（レメクの誕生）＋182（ノアの誕生）＋600（洪水の年）＝969」となりますが、なんとメトシェラの寿命は九百六十九歳でした。名前の予言通り、彼が死んだ時、ちょうど洪水が起きたのです。神は何事でも事前に警告をされるのです（アモス書3章7節）。なお、預言とは神の言葉を預かって語ることであり、予言は特に未来の事象を語ることです。

ノアの名前の由来は「慰め」です（創世記5章29節）。ノアにおいて大地の呪いが解け、人類がその労苦から解放される時代の到来の予告と言えます。洪水以前の十人の族長の最後の人物です。ノアは五百歳でセム、ハム、ヤペテの三人の子をもうけました(注)。彼は不信仰と背信の時代において「正しい人であって、その時代にあっても全き人であった。ノアは神と共に歩んだ」と言われているとおり、神の言葉を聞くことができ、またそれに従った人でした。

(注) セムは黄色系人種、ハムは黒人系人種、ヤペテは白人系人種の祖と考えられています。イエスはセム系ですから、金髪で青い目ということはありません。

注意すべきは、ノアの時代にはもちろん律法《ノモス》はありませんでした。ですから彼は律法を守ったわけではありません。すなわちノアは、主への信仰と従順によって歩んでいたのです。その結果、彼は家族と共に洪水から救われる恵みを得ました。明らかにこの箱舟は新約におけるイエス・キリストを象徴しています。神の言葉を聞いて、それを信じて箱舟に乗り込む人は救いを得るのです。

かくして洪水の後、ノアは祝福を得て、神は永遠の契約を結ばれました(ノア契約)。霊的には洪水は死を意味します。新約における死を象徴する水のバプテスマ（いわゆる「浸水礼」のこと）の予型《タイプ》です。洪水の後の解放は復活を意味します。復活においてノアは神との新しい契約に生きる祝福を得たのでした。この契約は明らかに神から一方的に与えられた賜物でした。すなわち、まことの箱舟であるイエス・キリストのうちに信仰によって逃げ込んだ人々は、後に述べるように、イエスと共なる死と、その後に続くイエスと共なる復活に与《あずか》り、神の一方的な永遠の祝福の契約の良き効力のうちに生きることができます。まさにこのノアの箱舟はイエス・キリストによる救いをビジュアルに見せてくれる絵本なのです（注）。

（注）創世記5章にある名前のリストの意味を追ってみますと、実はイエス・キリストによる救いの預言が現れます。アダム（人）→セツ（約束・備え）→エノシュ（もろさ・弱さ）→ケナン（悲しみ）→マハラルエル（祝福の神）→イエレド（降臨）→エノク（教える）→メトシェラ（彼の死の時）→レメク（絶望）→ノア（希望・救い）。文章にしますと「人は約束を得て、そのもろさと悲しみにおいて、祝福の神が降臨され、教えるでしょう、彼（イエス）の死の時、絶望が希望と救いに変わることを」となります。

しかしながら、その後人類は天まで届くバベルの塔建造の野心で神への反逆を顕わにしたため、言葉を乱されて散らされます。現在でも神を抜きにした統一への世界的動きが、政治経済や宗教において見られますが、これはバベルの塔建造の試みに他なりません。

◆アブラハムの選びと契約

神の約束とイサクのスーパーナチュラルな誕生

ノアの次に神が人類救済の契約を与える人物がアブラハムです（アブラハム契約）。彼の名はもともとアブラムであり、「父は高められる」の意です。アブラハムは神によって改名された後の名前ですが、彼が多くの（ハモン）民の父となる約束を受けたためです。神の救いのご計画はユダヤ人だけではなく、すべての国民に対するものなのです。創造主なる神はその主権によってイスラエルの地を選び、ユダヤ人にご自身の言葉を託し、メシア・イエスを誕生させたのです。この意味でイスラエルの地は、神の救いが地上にもたらされるポータル（門）あるいはゲートです。

時に主はアブラムに言われた、「あなたは国を出て、親族に別れ、父の家を離れ、わたしが示す地に行きなさい。わたしはあなたを大いなる国民とし、あなたを祝福し、あなたの名を大きくしよう。あなたは祝福の基となるであろう。あなたを祝福する者をわたしは祝福し、あなたをのろう者をわたしはのろう。地のすべてのやからは、あなたによって祝福される」。

―創世記12章1―3節

彼はその父テラと共にカルデヤ人のウル（現イラク南部）に住んでおりました。この地は当時としては一般的な多神教を奉じる地でした。そのような中において彼は唯一の神を信じていたのです。彼の家族はウルを出て、カナンの地（現パレスチナ）に向かい、ハラン（現トルコ東部）まで来てそこに住みつきました。父のテラはその地で死にました。すると神がアブラムに、「その地を出て、わたしが示す地に行け。わたしはあなたを大いなる国民としよう。あなたを祝福する」と約束されました（創世記12章1―3節）。そして彼は「行き先も知らずに出て行った」のです（ヘブル書11章8節）。

神の言葉を直接に聞き、その言葉に絶えず従った彼は、その信仰のゆえに義とされ、後に「神のしもべ」、「神の友」と呼ばれ、後世においても「信仰の父」として尊敬されています。異説はありますが、彼の誕生はＢＣ二一六六、彼がカナンの地に入ったのはＢＣ二〇九一と推定されます。

アブラムはその異母妹サライと結婚しますが、サライは不妊でした。ところが神はアブラムが七十五歳の時、彼を大いなる国民の父にすると約束されました。しかし待てども暮らせども子供が得られません。そこで妻サライの助言に従って、彼女のエジプト人奴隷ハガルによって子供をつくりました。するとアブラムの子を宿したハガルは不妊のサライに軽蔑する態度を取るようになり、サライもハガルにつらくあたるようになりました。ハガルは男子を産み、イシマエル（「神は聞かれる」の意）と名づけられ、後にアラブ人の祖先となります。時にアブラム、八十六歳でした。彼は神の約束の時を待つことができなかったのです。

アブラムは神の約束の言葉（契約）があったにもかかわらず、いつまでたっても子供ができません。このような状況にある時、人は神の約束を自分自身の知恵とか能力で実現しようとする誘惑にかられます。いわば神を〝助けよう〟とするのです。イシマエルはアブラムとサライの人間的策略と能力により生まれた存在でした。このような人間的働きをす。本妻サラ「**肉**（flesh）」と呼びます。しばしば肉がもたらすものは困難を引き起こします。本妻サライは後にイサクを生みますが、このイサクの子孫であるユダヤ人と、妾の子イシマエルの子孫であるアラブ人の間に、現在に至るまでも骨肉の争いがかの地で展開しているわけです。

さて、イシマエルが生まれてから十三年間、神は彼に現れませんでした。ついにアブラムが九十九歳の時、あえて全能の神として現れ、先の約束を再度確認し、彼の名前をアブラハムと変えます。同時に彼は割礼を受けますが、これは自分の肉の力が切り取られる象徴です。サライに対しても男子が生まれることを約束され、その名をサラ（「王女」の意）と変えられました。しかし、その時サラはすでに九十歳でした。彼らは「どうして百歳の夫と九十歳の妻に子供ができようか」と心のうちで笑いました。神は「なぜ笑うのか。神にできないことがあろうか」と言われ、約束通り彼らには息子が与えられ、イサク（「笑う」の意）と名づけられました（BC二〇六六）。

ここで面白いことに、イサク誕生の前にアビメレクなる王が九十歳のサラを迎え入れているのです。またアブラハムもサラの死後にケトラ（「芳香」の意）により六人の子を得ます。彼らの肉体はスーパーナチュラルに若返ったのです！　これなども通常のマインドでは笑ってしまう逸話でしょう。

神のわざは人間的な能力がなくなった場面において遺憾なくなされます。つまりスーパーナチュラルなのです。かくして神はアブラハムが百歳、サラも九十歳の時、息子を与えると言われたのです。なんと言うナンセンスでしょう！　しかし人にはできなくても神にはできます。このようにして得られる実は「信仰の実」と呼ばれ、私たちにとっての真の祝福となります。人間的に見て絶望的状況においてこそ、肉が切り取られ、神のわざが明確に証されるのです！

イサクを捧げる――イエスの死と復活の予型

イサクが少年になったある日のこと、神はアブラハムに向かって、「あなたの息子イサクをモリヤの山で全焼の供え物として捧げなさい」と命じられました（創世記22章2節）。なんという過酷な要求でしょう。しかしアブラハムはその言葉通りに息子を連れ、モリヤの山（現在の神殿の丘）で薪の上に寝かせ、ナイフを息子の上に振り下ろそうとしたその瞬間、神は、「彼に手を伸ばすな。彼に何もしてはならない。いま、あなたが本当に神を恐れる者であることがわかった。あなたはひとり子さえも惜しまなかった」と言われ、イサクの代わりに雄羊を犠牲の供え物として用意されたのです（創世記22章後半）（注）。レンブラントの絵画でも有名な場面です。

こうしてアブラハムはイサクを再び得ることができました。そしてイサクからヤコブが、ヤコブからいわゆるイスラエルの十二部族の祖先が生まれ、この中のユダ族からダビデが、そのダビデの子孫としてイエスが生まれたのです。このようにしてアブラハムは確かに神の約束通り大いなる国民の父となったのです。

（注）御柱祭で有名な長野県諏訪大社には、他に御頭祭があり、地元の守屋山（もりや山！）において、神主が子供を神に捧げる直前、神の使者が鹿を用意して代わりに捧げます。よく『古事記』のタケミナカタの神が逃げてきて祀られているとされますが、もともとは「ミシャクジ信仰」と言います。日本語では意味不明ですが、ヘブル語として読むと、「ミ・イサク・チ」となり、なんと意味は「イサクの蛇神」なのです!?

神はこのようにして、ようやく得られた唯一の息子を供え物として捧げることをアブラハムに要求します。一見、神は残酷なことをなさると思えるかもしれませんが、実はこれは神のテストであって、さらなる祝福へとアブラハムを導くためなのです。神は気まぐれに私たちを試みることはされません。しかもアブラハム自身も不思議な言葉を残しています。すなわちモリヤの山へ登る前において「私と子供とはあそこへ行き、礼拝をして、あなたがたのところへ戻ってくる」と（創世記22章5節）。これから子供を犠牲として捧げるべき時に、「私たちは戻ってくる」と宣言しています。これがアブラハムの信仰表明でした。彼は神が自分を大いなる国民の父とすると言われた以上、イサクを捧げても、神は必ず返してくださると、すなわち復活を信じていたのです！

私たちは神からの約束を得ます。その実現を待ちます。その間自分で実現させたいとする誘惑に駆られます。ついに自分ではまったく不可能な状況でスーパーナチュラルな神のわざがなされ、願っていたものが与えられます。次に問題となるのが、その賜物自体を神ご自身よりも愛してしまうことです。ここで私たちの神への愛が試されます。私たちと神との関係を妨げる要素はすべて焼き尽くされる必要があります。一見、過酷です。しかし感謝すべきことに、神は復活の領域において再びその失ったものを恵み豊かに返してくださるのです！　しかもそれは以前のようにではなく、はるかに素晴らしい祝福を伴って、神の栄光を帯びる形で戻ってくるのです。これは例えば、ヨブの物語を見ても明らかです。

これを「**死と復活の原理**」と言います（注）。
この物語は後にひとり子イエスを十字架で人類の罪の贖いのための供え物とする父なる神の予型と見ることができます。そのひとり子イエスは死にましたが、三日目に復活されたのです。まことに、

神は、実に、そのひとり子をお与えになったほどに、世を愛された。それは御子を信じる者が、ひとりとして滅びることなく、永遠のいのちを持つためである。

―ヨハネ福音書3章16節

とあるとおりです。
死者が復活する⁉　これは善悪を知る知識の木の実を食べた人類の知性にとっては大きなチャレンジです。しかし、それゆえに神はあえて人には不可能に見えることをなされます。

（注）イエスは言われました、「自分の魂を得ようとすれば失う。失えば得る」と（マタイ福音書10章39節）。「上得は得とせず、是を以て徳あり。下徳は得を失わず、是を以て徳なし」。イエ

スは真の道《タオ》、人の作為をすべて放擲《てき》するとき神のわざは始まるのです。

ヤコブの天の門――神の家（エクレシア）の予型

その後、イサクはヤコブをもうけます。ヤコブは「踵を掴むもの」という意味で、姦計を弄して双子の兄エサウを出し抜くなどずる賢い人物でしたが、神によって取り扱いを受けてトランスフォームされ、イスラエルと名を変えられます。これは「神の王子」の意味であり、彼の十二人の子供たちが、後の王国の祖先です。

彼には神と格闘したりなど、興味深いエピソードが数々ありますが、ここで紹介したいのは天の門（ポータル）を見出す事件です。それはベエルシバからハランへの旅の途中に起こりました。

一つの所に着いた時、日が暮れたので、そこに一夜を過ごし、その所の石を取ってまくらとし、そこに伏して寝た。時に彼は夢をみた。一つのはしごが地の上に立っていて、その頂は天に達し、神の使たちがそれを上り下りしているのを見た。

……

ヤコブは眠りからさめて言った、「まことに主がこの所におられるのに、わたしは知らなかった」。そして彼は恐れて言った、「これはなんという恐るべき所だろう。これは神の家である。これは天の門だ」。

ヤコブは朝はやく起きて、まくらとしていた石を取り、それを立てて柱とし、その頂に油を注いで、その所の名をベテルと名づけた。

―創世記28章11―18節

このビジョン（幻）は後にイエスが「わたしは門である」と言われた時に成就しました。ベテルとは「神の家」の意味であり、新約の現在、神の家とは信じる者たちの集合体です。つまり神は人を住まいとされるのです（これも私たちのマインドを逸脱しますね）。この神の家は日本語ではよく「教会」と言いますが、あまり良い訳ではありません。原語では「エクレシア」であり、詳細は後ほど述べます。信じる者たちは神の家とされ、また彼らの内には天の門が開かれるのです。

◆モーセによる律法の介入──旧契約

モーセのスーパーナチュラルな出自

時は下り、アブラハムの子孫がエジプトに逃れる頃、ヤコブの子ヨセフが冤罪による投獄等十三年間の試練を経てエジプトで第二権力者となりました。そのため、当初ヨセフらヘブル人はその地で優遇されていました。しかしヨセフの死後、彼を知らないパロ（王）の代になるとヘブル人は奴隷として虐待されました。ところが彼らは生命力に溢れており、その人口が増えたため、脅威を感じたパロはヘブル人の新生児を殺す命令を出しました。

しかしモーセの両親は誕生（BC一五二六）した彼を助けるためこっそりとナイル川に流し、パロの娘によって救い出され、王宮でエジプトの王子として育てられ、当時のあらゆる学問知識を身に付けました。モーセとは「引き出す」と言う意味の「モシェ」に由来します。

モーセによるスーパーナチュラルな出エジプト

四十歳のころ、自分の出自を知ったモーセは、エジプトの王子としての栄華を捨ててまで、同胞のヘブル人を奴隷状態から解放するために立つことを決意します。モーセが自分の出生の秘密について知る場面と、その時の彼の内的葛藤については、聖書は一切触れておりません。しかしながらエジプトの王子として育てられ、自分もそのとおりに信じて生きてきた彼にとって、その真実に直面せざるを得なくなった瞬間、どのようなショックに見舞われたことでしょう。聖書では不思議なことに、そのような個人の内的葛藤に関する記述はほとんどありません。聖書はあくまでも神の目から見た、神の意図における個人の役割を描いているのです。

ところが当初、その願いは当の同胞に拒絶されてしまいます。その願いが純粋であったがゆえに、彼は深く傷ついたことと思われます。傷心の彼は不毛なミデアン（現アラビア半島）の地に逃れ、そこで羊飼いとして四十年間を過ごします。来る日も来る日も単調な羊飼いの生活を送るのです。この間、彼はおそらく自分の生きている意味とか、このような生活に甘んじてよいのかとか、様々な思いや葛藤にとらわれたことでしょう。人生においてもっとも生産的であるべき四十年間を、いわば無駄にしているかのような生活でした。

しかし神の思いは人の思いとは異なります（イザヤ書55章8節）。四十歳というもっとも自分に自信があり能力も備わった時期を神は用いられません。これは人の血気であり、人のわざに過ぎないからです。神のために真に有効な働きをするには、この〝自分〟が死ぬ必要があるのです。そのために神はモーセのもっとも輝かしかるべき四十年間において、彼を羊飼いという状況に閉じ込め、彼の生まれながらの力をコツコツと削られたのでした。

ついに彼自身は、おそらく、自分に関して何らの希望もなくなった八十歳という年齢において、神はモーセを召すのです。すでにモーセはかつての自信と体力を失い、むしろ単調な羊飼い生活にも慣れ、このまま余生を送ってもよいと思っていたに違いありません。彼はその生活にもはや安住していたのです。

ある日、ホレブの地のシナイ山のふもとで彼は「燃え尽きない柴」に出会います。そこで神から、ヘブル人を解放するためにエジプトに赴くべく、召命を受けるのです。しかし彼はすでに八十歳、パロが自分の言うことなどを聞くはずもないとか、自分は口下手であるとかの理由を述べて、その召命を頑なに拒否します、しかし「ありてある」者（注）としてご自身を啓示された神の峻厳に触れ、彼はついに意を決してエジプトへと向かうのです。

（注）人は神に創造されたと言うと、では、その神はどうして存在するのかとよく問われます。これは「無限後退性」のワナに陥ります。聖書では神は他の何かの原因によらず自ら存在する方、その名は〝YHWH〟と綴り「ヤハヴェ」と読まれ、意味は「在りて在る」です。英語ならば〝I AM〟、これが神の名であり、本質です。

神のわざはまさにそのような時、すなわち人の目においてはまったく希望がないように見える時にこそなされます！　今や彼は八十歳です！　それはスーパーナチュラルなる神の神たる力が証しされるためです。すべての栄光が神に帰するためです。この原則は旧約のすべての登場人物と新約のイエスにおいても、そして現在の私たちにおいても同じです。神のわざは〝私たちの死〟において遺憾なく発揮されるのです。ここでも「**死と復活の原理**」が働きます。

エジプトについた彼は、さっそくパロにヘブル人の解放を要求しますが、パロは頑なに拒否します。すると神は十の災害をエジプトにもたらし、小羊の血を家の扉に塗ってヘブル人はその災いから逃れます(注1)。するとようやくパロは彼らを一旦は解放しますが、すぐに追跡を開始し、紅海の縁に追い詰めます。逃げ道のなくなったヘブル人は混乱しますが、モーセは彼らをいさめ、あくまでも神に対する信仰に立ち、ここで例の有名な海が割れる奇跡を起こします（注2）。こうして彼らはエジプトを脱出し（BC一四四六）、荒野へと至ります。

そしてシナイ山において、モーセは神直筆の十の戒律の書かれた石版を得て、この時点で神の律法がモーセを通して授与されます。民が律法を守れば彼らは祝福され、破れば呪いに陥るという双務原則による神と人の間の契約（関係）が成立したのです（モーセ契約）。これがいわゆる**旧契約**です。

ところがヘブル人は荒野において、様々な神の配慮と奇跡を繰り返し見たにも関わらず、絶えず不平不満を述べ、神を試み、そのために多くの者が裁かれて死にました。神は恵み深くも彼らの訴えに答えてくださいましたが、彼らはその神をないがしろにしました。そのような頑なな民を相手にモーセは日々心砕かれていたのです。

ある日フラストレーションから彼は神の命令を無視して、自分の方法で岩から水を出してしまいます（注3）。この一つの違反行為によって「約束の良き地」に入ることを禁じられてしまうのです。彼はピスガの頂からその地を眺め、百二十歳でモアブの地で眠りにつきました。また当初の民の多くも荒野で滅び、四十年の彷徨の後良き地に入れたのは神の命

に従ったヨシュアとカレブの二人だけでした。彼らは信じなかったからです（ヘブル書4章19節）

（注1）これを「過ぎ越し」と言いますが、後にイエスは「過ぎ越しの祭」において十字架につけられ尊い血を流されたのです。神はこの血を見て私たちの罪を赦し、私たちを過ぎ越してくださるのです。

（注2）この水をくぐることは新約の水のバプテスマを予表します。ヘブル人が紅海をくぐってエジプトから脱出したように信じる者も水をくぐってこの世から脱出するのです。ちなみに「ヘブル人」とは「渡る人々」という意味です。

（注3）神は「岩に語れ」と命じたのですが、モーセはそれまでの杖に頼る習慣により、杖で岩を叩いてしまったのです。語って水が出るとは信じられなかったのかもしれません。

律法は何のために与えられたか

クリスチャンとは律法や厳しい戒律を厳守する人々と普通には考えられているかも知れません。これは違います。そもそもなぜ神は律法を授けられたのでしょうか？

律法はモーセによって与えられ、恵みとまことはイエス・キリストによって実現した。
―ヨハネ福音書1章17節

神は御自身の創造の最高傑作である人間と関係（交わり）を持つことを願われます。しかも神は無秩序の神ではなく、自然界が精緻な美しい自然法則《ノモス》で支配されているように、御自身と人間との関係もある契約（法則）に従う必要があります。すなわち聖書で言う契約とは、一言で定義すると、「神と人の関係のあり方」のことです。この契約には主に二種類あります。**旧契約**と**新契約**です。

旧契約においては、モーセを通して与えられた律法を中心に神と人の関係が規定されます。簡単に言えば、律法とは「神と人に対する人のあり方と生き方のモデル」を提示するものであり、それ自体は神の聖に基づいて神の義の基準を提示し、本質的に聖なるものです（ローマ書7章12節）。「十戒」の前半の四戒は、人の神との関係のあり方を規定し、後半の六戒は人と人の関係のあり方を規定しています。その根底にある神の基準は「わたしが聖であるように、あなたがたも聖でありなさい」（レビ記1章45節）に尽きます。

この神の聖性は神の諸属性の本質であり、神の義、愛、憐れみ、慈しみ、柔和、寛容……などの諸属性はすべてこの神の聖性に基づくものです。神は律法においてその聖性を規定され、「今、もしあなたがたが、まことにわたしの声に聞き従い、わたしの契約を守るのなら、あなたがたはすべての国々の民の中にあって、わたしの宝となる。全世界はわたしのものであるから。あなたがたはわたしにとって祭司の王国、聖なる国民となる」と宣言され、そのあり方を人間に対して求めたのでした（出エジプト記19章5-6節）。ゆえに旧約は「双務契約」と言えます。

しかしながら、すでに神は彼らが律法を完全に守ることは不可能であると知っておられました。これに対してイスラエルの民は、「主のおおせられたことはみな行います」（出エジプト記24章）と宣言し、神と彼らの間の契約は成立しました。彼らはそれほどに、自分自身について無知だったのです。このため彼らは自分の罪や不真実さを直視するために、その後長く過酷な試練を経る必要がありました。

要するに罪を犯した人間は神の基準に自力では達せないことに気づき、ゆえに自分を救ってくださるメシアが必要であると知るためにこそ、律法が与えられたのです。律法は守るためではなく、メシアに導くための養育係と言えます。

しかし、信仰が現れる前には、わたしたちは律法の下で監視されており、やがて啓示される信仰の時まで閉じ込められていた。このようにして律法は、信仰によって義とされるために、わたしたちをキリストに連れて行く養育掛となったのである。

―ガラテヤ書3章23－24節

事実、パウロはアブラハムに対する約束とモーセの律法について、前者の優位性を主張しています。

さて、約束は、アブラハムと彼の子孫とに対してなされたのである。それは、多数をさして「子孫たちとに」と言わずに、ひとりをさして「あなたの子孫とに」と言っている。これは、キリストのことである。

わたしの言う意味は、こうである。神によってあらかじめ立てられた契約が、四百三十年の後にできた律法によって破棄されて、その約束がむなしくなるようなことはない。もし相続が、律法に基いてなされるとすれば、もはや約束に基いたものではない。ところが

事実、神は約束によって、相続の恵みをアブラハムに賜わったのである。

それでは、律法はなんであるか。それは違反を促すため、あとから加えられたのであって、約束されていた子孫が来るまで存続するだけのものであり、かつ、天使たちをとおし、仲介者の手によって制定されたものにすぎない。

―ガラテヤ書3章16–19節

つまり神の意図は、もともと人類（注）が律法を守ることではなく、逆に守れないことを知り、律法が与えられる四百三十年前にアブラハムに与えられた約束のひとりの子孫、つまりメシアであるイエスの必要性を覚えるようになることだったのです。

（注）本来、異邦人は律法を与えられていませんが、強迫性向の強い日本人はしばしば自家製の「律法」を作り、「ねばならない」観念で自縄自縛に陥ります。儀式や縁起にこだわる素因であり、これが高じると強迫神経症に発展します。ユダヤ人も日本人も精神病理的にきわめて似ており、これが長所でもあり短所でもあるのです。

◆ダビデ王の選びと契約

時はぐっと下り、ヨシュアに導かれて良き地カナンに定住したヤコブの子孫はその地に王国を建てます(注)。二代王がダビデです(ダビデの意味は不明)。ユダ族のエッサイの八人兄弟の末の息子で、例のミケランジェロの彫刻でも有名なように、「血色の良い顔で、目が美しく、姿も立派」でした(サムエル記上16章12節)。彼は羊飼いを生業としていましたが、音楽や詩作に長けており、旧約聖書の詩篇の多くは彼の作によるものです。聖書には「琴が上手で勇士であり、戦士。ことばには分別があり、体格も良い」(サムエル記上16章18節)とあります。彼は有能な戦士だけでなく、神に対する霊的洞察力も繊細でした。誕生はBC一〇四〇、初代サウル王が不従順の罪により神に拒否され、預言者サムエルから王として任命される油注ぎを受け(BC一〇二五)、統一王国の二代目の王としてBC一〇一〇から九七〇年ごろまでの約四十年間、統治しました。

（注）ヨシュアはイエスと同義で、「神は救い」の意味、つまりイエスの予型。王国は必ずしも神の御心には沿いませんでしたが、神はそれを許容されたのです。神には核心的御旨と許容的御旨があるのです。

ゴリヤテとのスーパーナチュラルな対決

ある日、イスラエルの軍隊はペリシテ人の軍隊と対峙した際、その巨人ゴリヤテ（注）による脅しの下で全軍が萎縮し、戦況は硬直しておりました。そのような時に、少年ダビデは物資の運搬と兄弟たちの安否を知るため、戦地へと赴きました。イスラエルの軍隊がゴリヤテに縮み上がっているのを見て、少年ダビデは「この割礼を受けていないペリシテ人が何者か。生ける神の陣をなぶるとは」と憤慨し、「私は万軍の主の御名によってお前に立ち向かう。きょう、主はお前を私の手に渡される」と信仰宣言をし、石投げだけで彼に向かい、見事に一発で仕留めました。この戦果によってイスラエル軍は勇気を奮い起こされ、また少年ダビデは初代王サウルの目に留まりました（BC一〇二五）。

イスラエルの戦士たちはみなゴリヤテの巨大さとその脅迫によって縮み上がっておりましたが、ダビデはそのような外観を見ませんでした。彼が見ていたのはただ彼の主であり神であるお方だけでした。そして主に対する信仰によって彼は、自分が勝利を得る前にすでに自分の勝利を確信し、そのことを宣言したのです。すると事実も従ったのでした。信じる者は事実に屈する者ではなく、信仰によって事実を支配する者です。

（注）ゴリヤテは創世記6章にある天使と人間の女の間に生まれた巨人族ネフィリムの子孫とも言われています。

サウル王による迫害

サウルの目に留まったダビデは彼の下で働き、むしろサウル自身よりも戦果を上げました。サウルの娘ミカルを妻にしますが、人々からは「サウルは千を打ち、ダビデは万を打った」などと賞賛され、徐々にサウルの嫉妬を買うようになりました。神に逆らって悪霊の影響を受けるようになったサウルは、ダビデがいずれ自分の地位を脅かすようになることを恐れ（これをパラノイド状態と言います）、ダビデを殺そうと図ります。これも組織ではよく見られることです。

ダビデはサウルの子ヨナタンの助けなどによって何度も間一髪のところで逃れますが、

荒野での逃亡放浪生活を余儀なくされました。その間、サウルを殺すチャンスが数回あったにもかかわらず、ダビデはサウルを神によって油注がれた王と認め、自ら手を下すことはしませんでした。そのような中で徐々にダビデに味方する者が増えてきました。ついにサウルは自らの高ぶりと不従順の結果を身に招き、戦地で非業の自死を遂げます（BC一〇一〇）。

このようにダビデは次期王としての油注ぎを受けたにも関わらず、サウルの嫉妬心から困難な二十年以上の時を経ました。その間にも神の主権を認め、それに服し、たとえ自分を殺そうとする者であっても、神が立てられた王を自らの手で殺すことはしませんでした。彼はあくまでも神に信頼し、神の御手にすべてを委ね、荒野での、いわば神による訓練の時を経て、王としての資質を磨かれていきました。かくして自分が王となった後も、サウルに敬意を表し、サウルの親族に温かい配慮の手を差し伸べるのです。このような神の権威に服する彼の徳の高さは、敵を愛せよと教え、十字架上で人々のために「父よ、これらの人々を赦してください」と祈られたイエスに通じる資質があります。

バテシバとの不倫

王となったダビデはその後反対者達をも治め、国は安定しました（BC一〇〇三）。ある日、宮殿の屋上から湯浴みをする美女バテシバを見て、彼女を得たいと誘惑を覚え、王としての立場を用いて彼女を自らの寝所に招いて関係を持ったのです。彼女は妊娠し、自らの不倫がばれることを恐れて、彼女の夫である軍人ウリアにバテシバと寝るように勧めます。しかし彼は忠実に任務を果たすべきことを優先してそれを拒みます。

窮地に陥ったダビデは姦計を弄してウリアを前線へ送り、彼はその地で戦死します。こうしてダビデはバテシバを妻として迎え、彼女は子供を産みますが、このことは神の怒りを買いました。神は預言者ナタンをつかわしてダビデを諫めますと、ダビデは自らの悪を指摘されて憤慨するようなことはなく、むしろ良心を刺されて、心の奥深くから悔い改めます。しかし生まれた子は死にました。その後、ダビデ家から剣がはなれることなく、兄妹間のレイプ事件、兄弟間の殺人、息子アブサロムによる反逆など、数々の試練が臨むのです。

キリストの王権を予表する

人は苦難にある時には神を見上げ、神に頼り、神に従います。ところが一旦自分の置かれた環境が安定したり安逸に流れると、誘惑を受け、それに従う傾向が出てきます。ダビデもそうでした。あれほどの分別と徳のある彼が、美女を得るために、姦計を弄して忠臣を殺すという恐るべき悪を行ったのです。しかしダビデと普通の権力者の違いは、ダビデは自らの悪を指摘されて、取り繕うことなく心から悔い改めるのです。普通の権力者ならばどうでしょうか？　新聞に載る世の政治家を見ればわかります。

ダビデがこのような悪にも関わらず神から愛され続けた理由はこのような彼の心の真実さにあります。この時に書いたのが詩篇51篇です。

神よ、あなたのいつくしみによって、わたしをあわれみ、あなたの豊かなあわれみによって、わたしのもろもろのとがをぬぐい去ってください。わたしの不義をことごとく洗い去り、わたしの罪からわたしを清めてください。

―詩篇51篇１―２節

彼は自らの悪を隠すことなく、むしろ正直に告白し、神の赦しを求めます。そして正しい霊と心を立て直していただけるように願い求めるのです。彼はごく普通の男性でありました。誘惑を受け、それに屈しました。殺人と姦淫という酷い罪を犯しました。しかし悔い改めたのです！

神は心の真実、悔いた霊、そして砕かれた魂を軽んじられません。神は赦し、正しい霊を立て直し、新しい出発を得させてくださるのです。ただしダビデ家に振りかかった数々の試練のように、自分のなした罪の結果の刈り取りは厳粛な事実です。

マタイ福音書1章の系図によると、ダビデは父祖たちの最後であり、王国の最初の人物です。またエッサイの八番目の子供でした。この「八」は復活を表わします。ダビデは、古き者の最後であり（最後のアダム）、新しき者の最初（第二の人）であったキリストの予型です。

ダビデはあくまでも神を第一とし、神に従い、そして神に愛されました。そればかりでなく、ダビデの王権はとこしえに続くという神の約束さえも得たのです。それはイエスがダビデの子孫から誕生することを意味していました。神とダビデの間に結ばれた契約はその王権と統治の永遠性でした（ダビデ契約）。もちろんダビデは死にましたから（BC九七〇）、彼においては実現しませんでしたが、ダビデから約千年後に誕生するイエスにおいて成就したのです。そこで救い主（メシア）は「ダビデの子」とも呼ばれています。究極的にイエスはその再臨において、この地上にその永遠の王権と統治を確立されるのです。

◆イスラエルの歴史の展開

ソロモンの絶頂期と後退

ソロモンとは「平和、平安」の意味を持つ「シャローム」に由来します。ダビデとバテシバの間に生まれた第二子であり（BC九九一）、預言者ナタンによってエディデア（「主に愛される」の意）と呼ばれて祝福を受けます。ダビデの死後、異母兄弟のアドニアと王位を争いますが、彼を処刑し、イスラエルの三代目の王位を確立します（BC九七〇）。

叙任の際、「何でも求めよ」とする神に対してソロモンは、自分の栄誉や富を求めず、民を治める知恵を求めます。神はそれを良しとされ、求めなかった栄光と富も約束されました。さらに父ダビデが歩んだように神の前に歩み、神の命をすべてそのまま実行し、おきてと定めとを守るなら、父ダビデに与えた契約通りソロモンの王座を確立する、と約束されます。

当初、ソロモンは主に対する信仰と従順によって卓越した英知と手腕を発揮し、王国をその黄金期に導きます。またダビデが果たし得なかった黄金の神殿を建設します。世界各地との貿易によって世界の富が彼のもとに集積します。その評判を聞いたシバの女王が彼のもとを訪れるなど、その権勢と評判は全世界的に響き渡ります。

彼の作といわれる「伝道の書」ではこの世における栄華を極めた者の内的虚無を告白し、また「箴言」においては彼の卓越した知恵の言葉を集めております。また「雅歌」では男女のロマンスを美しく歌いあげておりますが、信仰者の立場からは「神と人の愛の関係の象徴」と理解されています。

ダビデは主のための神殿を建造することを願いますが、主はその事業をソロモンに委ねると宣告し、ソロモンが実行します。この意味で、ダビデはキリストの予型ですが、ソロモンは神の神殿であるエクレシア（信者）を建て上げる聖霊の象徴と言えます。ソロモンはあらん限りの金銀財宝をもって七年間を費やして主の神殿を建造し、その完成の暁においてもへりくだりつつ主に奉献します。また十三年をかけて王宮を建築し、その栄華は極みに達します。

当初は父ダビデの遺言通りに主をおそれつつ歩んでいたソロモンも、物質的富や名声が高まり、彼の王としての立場が確立するにつれて、霊的には徐々に後退へと向かいます。王宮の建造のために民は疲弊し、異教の女を妻や妾として迎え、その総数は千人におよび、彼女たちが王宮においてそれぞれの異教の神々を礼拝することを黙認します。ついにはオリーブ山に主が禁じられた小児人身犠牲を目的とするモレクの神殿の建造を許すにおよび、その王国は堕落の一途をたどるようになります。そして最期に主の不興を買い、王国が分裂する運命の宣告を受けるのでした。

王国の分裂と捕囚へ

ＢＣ九三一年ソロモンの死によって王国は分裂し、その子レハブアムは南王国（ユダ）を、臣下ヤロブアムは北王国（イスラエル）を受け継ぎます。その後のそれぞれの王国は霊的にアップダウンを繰り返しつつ、しかし完全に主に立ち返ることのないまま、北王国はアッシリアにより（ＢＣ七二二）、南王国はバビロンによって（ＢＣ五八六）滅ぼされ、異国の地へと捕囚される運命に陥るのです。特にイスラエルはヤコブの息子たちのうち、ユダとベニヤミン以外の十部族からなっていましたが、彼らはその後歴史から消え去り、いわゆる「失われた十部族」と呼ばれています。

ソロモンの四十年間の統治期間の前半は父ダビデの言葉通りに主に聞き従った結果、あらゆる面で祝福され、王国は富と名声で包まれ、その黄金期を迎えます。しかしながらダビデと同様、その支配が確立するや、ソロモンも主を忘れ、他国との同盟関係や自らの富に頼るようになり、さらには王宮において異教の女たちによる偶像礼拝を許容するなどの妥協的態度を取るようになります。すべて彼の知恵と知識は神によるものであったにも関わらず、彼はその源であるお方を忘れ、その方が与えてくださったものに心を置くようになるのです。これはまさに偶像礼拝の罪です。偶像礼拝とは何も直接的に像を拝まなくても成立するのです。すなわち神以外の存在を当てにし、信頼し、心を寄せ、それに自らの生存やプライドの保証を置くことに他なりません。

またソロモンは、女たちへの愛欲によって貞潔を喪失します。彼の女性に対する執着は一種の病的なもの（Addiction）ともいえるレベルに達しております。この女によって罪に誘《いざな》われることは、アダム以来、ダビデにおいても起きたことでした。組織でも「人事は寝室で決まる」とか言われます。女はしばしば敵によって欺かれ、男は女に妥協をゆるし、罪に誘われます。しかし神は「女のすえ（＝キリスト）」によって人類を救済されたことも事実です。

かくして偶像礼拝は両王国において見られましたが、特に北王国において著しく、何度も何度も繰り返された罪であり、それこそが両王国の滅びの根本原因であったのです。すなわち彼らはイザヤやエレミヤなどの預言者の警告に従わず、まことの神である主に立ち返ることがついぞなかったのです。

この後、エレミヤの予言どおり、ユダは七十年間の捕囚期間を経て、バビロン滅亡後、ペルシャの王キュロスが帰還令を発し、神殿の再建が行われます（BC五一六年）。これが第二神殿と呼ばれ、ヘロデ大王による大改修を経てイエス時代まで存続します。

ユダヤ人の意義と役割

現在「ユダヤ人」の定義は血統的と宗教的な二面性がありますが、聖書的にはアブラハムの子孫です。「ユダヤ人」なるアイデンティティーはタルムードと共にバビロン捕囚以後に確立します。神の経綸から見るとき、彼らは神の選民として神の言葉を記録・保存し、メシア・イエスの到来を用意する経綸的かつ地政学的な役割を有する民です。私はこれを機能としての「経綸的選び」と言います。

しかし彼らは自身のメシア像とずれていたため当のイエスを拒絶します。このため神の恵みの経綸はパウロにより異邦人に向かいます。この血統によらずイエスを信じることにより永遠の救いを得る選びは「本質的選び」と言えます。もともと、アブラハムに対する神の約束の射程は全人類にありました。いずれ、現在はイエスを拒絶しているユダヤ人もイエスに立ち返ります（ゼカリヤ書12節10節、ローマ書11章16節）。

しかしながら、その前に彼らは、イエスを拒絶するという、経綸的にメシアを迎えるべき民としてのアイデンティティーに矛盾する行為によって分裂した自我をかかえるようになりました。そのためＡＤ七〇年、ローマによるエルサレム陥落、全世界への離散（ディアスポラ）、世界歴史の中での辛酸を経て、一九四八年、世界史の奇跡と言われるイスラエル国家再建、そして来る終末において「ヤコブの苦難」（エレミヤ書30章7節）と呼ばれる大きな苦しみの時を経るという代価を払うのです。

世界歴史のクロックはイスラエルです。また人類は政治経済的にも思想学問的にも、彼らに多くのものを負っています。私たちは彼らのために祈るべきです。（創世記12章3節）まことに「救いはユダヤ人から」とあるとおりです（ヨハネ福音書4章22節）。

▼ポータル3：約束のメシアの到来

◆イエスのスーパーナチュラルな誕生

経緯

聖書の記述によれば、肉体的には彼は処女マリヤに聖霊によって受胎され、彼女から産まれました(注)。

御使いガブリエルが、神から遣わされてガリラヤのナザレという町のひとりの処女のところに来た。この処女は、ダビデの家系のヨセフという人のいいなずけで、名をマリヤといった。

御使いは、はいって来ると、マリヤに言った。「おめでとう、恵まれた方。主があなたとともにおられます」。

しかし、マリヤはこのことばに、ひどくとまどって、これはいったい何のあいさつかと考え込んだ。すると御使いが言った。「こわがることはない。マリヤ。あなたは神から恵みを受けたのです。ご覧なさい。あなたはみごもって、男の子を産みます。名をイエスとつけなさい。その子はすぐれた者となり、いと高き方の子と呼ばれます。また、神である主は彼にその父ダビデの王位をお与えになります。彼はとこしえにヤコブの家を治め、その国は終わることがありません」。

そこで、マリヤは御使いに言った。「どうしてそのようなことになりえましょう。私はまだ男の人を知りませんのに」。

御使いは答えて言った。「聖霊があなたの上に臨み、いと高き方の力があなたをおおいます。それゆえ、生まれる者は、聖なる者、神の子と呼ばれます。……神にとって不可能なことは一つもありません」。……

「……主はそのあわれみをいつまでも忘れないで、そのしもべイスラエルをお助けになりました。私たちの先祖たち、アブラハムとその子孫に語られたとおりです」。

そのころ、全世界の住民登録をせよという勅令が、皇帝アウグストから出た。……それで、人々はみな、登録のために、それぞれ自分の町に向かって行った。

ヨセフもガリラヤの町ナザレから、ユダヤのベツレヘムというダビデの町へ上って行った。彼は、ダビデの家系であり血筋でもあったので、身重になっているいいなずけの妻マリヤもいっしょに登録するためであった。

ところが、彼らがそこにいる間に、マリヤは月が満ちて、男子の初子を産んだ。それで、布にくるんで、飼葉おけに寝かせた。宿屋には彼らのいる場所がなかったからである。

―ルカ福音書1章26節―2章7節（新改訳）

（注）イエスの誕生日はいわゆるクリスマスではありません。BC四―六年のユダヤ暦の「仮庵の祭」（九―一〇月）と考えるのが一番合理的です。このとき彼らは幕屋を張るのです。

こうして生まれた幼子は天使の示した通りイエスと名づけられました。イエスとはヘブル語では「イエシュア」と発音されますが、「神は救い」という意味です。当時、ごく一般的な名前でした。なお、キリストとはギリシャ語では「クリストス」、ヘブル語では「メシア」、その意味は「油注がれた者」です。王は任命される時、預言者により頭に油を注がれたのです。

確かに偉大なのは、この信心の奥義である、「キリストは肉において現れ、霊において

義とせられ、御使たちに見られ、諸国民の間に伝えられ、世界の中で信じられ、栄光のうちに天に上げられた」。

―第一テモテ書3章16節

霊的意義

ここで重要なのは、先に述べたようにイエスの誕生はアブラハムに対する約束の成就であり、イエスはダビデに約束された永遠の王位を継ぐ者であるという点です。神の当初の意図は律法ではなく、メシア・イエスだったのです。

神は人類が罪を自覚するために律法を与えました。

なぜなら、律法を行うことによっては、すべての人間は神の前に義とせられないからである。律法によっては、罪の自覚が生じるのみである。

―ローマ書3章20節

神の義（正しさ）の基準では罪を犯した者は死をもって償う必要があります。しかし、神は愛ですから人類をただ裁くことはできません。ここに神のジレンマが生まれます。そこで神ご自身が人間イエスとなられ、人類の罪を贖うために裁かれて死ぬ必要があったのです。

このときに聖書の啓示する神が、三つの位格（Persons）を持つことが重要となります。すなわち、**父なる神**、**子なる神**、**聖霊なる神**です。しかし三人の神々ではなく、本質において同じです（いわゆる三位一体）。イエスとなられた神は子なる神、これをヨハネ福音書では言（＝ロゴス）と呼んでいます。

初めに言があった。言は神と共にあった。言は神であった。
この言は初めに神と共にあった。

―ヨハネ福音書1章1‐2節

イエスは神を完全に説明する神のロゴスでした。そしてアダムに始まる人類のすべての罪を負って十字架で処刑されたと聖書は言います。そのためには、彼自身には一切の罪がないことが必要でした。もし人間の男女から生まれるならば、自動的にアダムの罪を継承してしまいます。そこでマリヤの胎の中に聖霊によって受胎したと聖書は証言しています。

イエス・キリストの誕生の次第はこうであった。母マリヤはヨセフと婚約していたが、

まだ一緒にならない前に、聖霊によって身重になった。

夫ヨセフは正しい人であったので、彼女のことが公けになることを好まず、ひそかに離縁しようと決心した。

彼がこのことを思いめぐらしていたとき、主の使が夢に現れて言った、「ダビデの子ヨセフよ、心配しないでマリヤを妻として迎えるがよい。その胎内に宿っているものは聖霊によるのである。

彼女は男の子を産むであろう。その名をイエスと名づけなさい。彼は、おのれの民をそのもろもろの罪から救う者となるからである」。

すべてこれらのことが起ったのは、主が預言者によって言われたことの成就するためである。すなわち、「見よ、おとめがみごもって男の子を産むであろう。その名はインマヌエルと呼ばれるであろう」。これは、「神われらと共にいます」という意味である。

―マタイ福音書1章18‐23節

これはスーパーナチュラルな受胎であり、聖霊なる神は、マリヤの胎を借りて、神のロゴスなるお方を入れるための肉体を用意されたのです。このことを説明することは限られた私たちのマインドでは不可能です。これを「**受肉の奥義**」と言います。

それだから、キリストがこの世にこられたとき、次のように言われた、「あなたは、いけにえやささげ物を望まれないで、わたしのために、からだを備えて下さった。……」

－ヘブル書10章5節

旧約聖書では民の罪を贖うために、傷のない羊や牛が屠られました。これらの動物の血が延々と流されましたが、それでは不十分だったのです。しかし完全なるイエスの血はただ一回流されることにより、全人類の罪を贖うことができました。それは彼にはアダムから受け継ぐ罪がまったくなかったからです。

かつ、やぎと子牛との血によらず、ご自身の血によって、一度だけ聖所にはいられ、それによって永遠のあがないを全うされたのである。

－ヘブル書9章12節

御子イエスの血によって、御子イエスを完全なる罪のための犠牲の供え物として受け取られた父なる神は完全に満足されたのです。

彼は、わたしたちの罪のための、なだめの供え物である。ただ、わたしたちの罪のためばかりではなく、全世界の罪のためである。

－第一ヨハネ書2章2節

神が人になる――まことにスーパーナチュラルな事件ではないでしょうか？　そしてその完全なるお方が私たちの罪を負われ、十字架で刑を受けてくださったのです。アダムの失敗以降、神と人を隔てていた罪の問題が、イエスの流された血によって完全に処理されました。人は創造主なる神とまったく障碍なく関係を持てるようになったのです。それはエデンの園においてアダムが享受していた神との平和、神の愛、神の顧み、神の保護、神との関係から生じる自己尊厳などをその血で贖われたのです。神が自分と人生を引き受けてくださるのです。なんという安息と満足でしょうか。

イエスはこうしてご自分の血によって神と人の新しい契約の仲介者となってくださいました。

それだから、キリストは新しい契約の仲保者なのである。それは、彼が初めの契約のもとで犯した罪過をあがなうために死なれた結果、召された者たちが、約束された永遠の国を受け継ぐためにほかならない。

―ヘブル書9章15節

かくして創世記において人類が取り損ない、封じられた永遠の命（非受造の神の命、〝Zoe〟）に至る道を開いてくださったのです。信じることにより新契約の中に入るならば、イエスの血による贖いを根拠として、誰にでも与えられるのです。

イエスは彼に言われた、「わたしは道であり、真理であり、命である。だれでもわたしによらないでは、父のみもとに行くことはできない……」。

―ヨハネ福音書14章6節

◆スーパーナチュラルな神の国の到来

スーパーナチュラルなイエスのわざ

マタイ、マルコ、ルカ、ヨハネの記事を福音書と言います。イエスが地上におられた時になされた言動を記録した書です。前三書を共観福音書といって、比較的客観的に記事が書かれています。ヨハネの記事はイエスの霊的側面を特に深く描いていますので、少し毛色が変わっています。

いずれの福音書においても、約三十年間ナザレにて普通の人間として生きたイエスが、三十歳頃にバプテスマ（洗礼）のヨハネからヨルダン川でバプテスマを受けて、公の働きに入ります。

そのころ、イエスはガリラヤのナザレから出てきて、ヨルダン川で、ヨハネからバプテスマをお受けになった。そして、水の中から上がられるとすぐ、天が裂けて、聖霊がはとのように自分に下って来るのを、ごらんになった。
すると天から声があった、「あなたはわたしの愛する子、わたしの心にかなう者である」。

—マルコ福音書1章9-11節

ここで「天が裂けた」とありますが、神と人間は罪によって隔てられていたのですが、イエスの働きにより天が地に介入することを意味します。そして聖霊が彼の上に下り、父なる神はイエスがご自分の御心を完全に満たすと宣言されました。

その後、イエスが神と人の敵である悪魔の誘惑・試みを受けるために荒野で四十日の断食に入ります。ここで私たち人間が悪魔から受ける誘惑と試みを三つの典型的側面から受け、イエスは悪魔に完全に勝利します。アダムはエデンの園で悪魔による同様の誘惑に屈しましたが、イエスはこの勝利によりアダムの失敗を完全に贖ったのです。

そしてみわざを行うようになりますが、その最初の宣言はこうでした。

ヨハネが捕えられた後、イエスはガリラヤに行き、神の福音を宣べ伝えて言われた、「時は満ちた、神の国は近づいた。悔い改めて福音を信ぜよ」。

—マルコ福音書1章14節

ここで「悔い改め」とありますが、これは単に自分が犯した罪を後悔したり、嘆いたりする意味ではありません。ギリシャ語では「メタノイア」ですが、「心の向きを変える」という意味です。自分の罪を罪と認めることはもちろん必要ですが、さらにもっと深い意味を持ちます。ここでは簡単に指摘しておきますが、イエスが人類の罪をすべて十字架で裁いてくださった事実に基づいて、心が変えられることと言えます。

そしてイエスは驚くべきわざをなされます。彼がなしたわざは神の国の福音を宣言しつつ、癒し、奇跡、しるし、不思議でした。これは私たちの常識を超える現象であり、まことにスーパーナチュラルなみわざでした。このゆえに福音書の記事は神話であるとする人々も多くいます。後で述べますが、私たちの精神機能（知・情・意）の一つである知性は、自分のマインド・セットから逸脱する現象を信じる事は難しいのです。しかし神はスーパーナチュラルな存在ですから、自然界の法則を超えて、いくらでもみわざを行うことが可能です。ある意味、善悪を知る木の実を食べて知性を誇りつつ生きる人類に対する神の挑戦とも言えるでしょう。ゆえにイエスは「神の国は幼子のものである」と言われたのです（ルカ福音書18章16節）。

【癒し】

イエスのなされたわざの中でもっとも顕著だったのが癒しでした。福音書にはおびただしい癒しの記録がみられます。

日が暮れると、いろいろな病気になやむ者をかかえている人々が、皆それをイエスのところに連れてきたので、そのひとりびとりに手を置いて、おいやしになった。

―ルカ福音書4章40節

アダムの罪により死が人類に入りました。同時に病気も入ってきたのです。一般論としては病気の原因は罪であると言えます。が、個別には必ずしもその人が罪を犯したからというわけではありません。事実イエスはこう言っておられます。

イエスが道をとおっておられるとき、生れつきの盲人を見られた。弟子たちはイエスに尋ねて言った、「先生、この人が生れつき盲人なのは、だれが罪を犯したためですか。本人ですか、それともその両親ですか」。

イエスは答えられた、「本人が罪を犯したのでもなく、また、その両親が犯したのでもない。ただ神のみわざが、彼の上に現れるためである…」。　－ヨハネ福音書9章1－3節

しかし一方で、こうも言っておられます。

しかし、このいやされた人は、それがだれであるか知らなかった。群衆がその場にいたので、イエスはそっと出て行かれたからである。そののち、イエスは宮でその人に出会ったので、彼に言われた、「ごらん、あなたはよくなった。もう罪を犯してはいけない。何かもっと悪いことが、あなたの身に起るかも知れないから」。　－ヨハネ福音書5章13－14節

癒しの方法もいろいろでした。ある場合は一声「癒されよ」で。ある盲人の場合はつばきで泥を作って目に塗り、まだ目が開かないうちにシロアムの池に行って洗えとか。ある口の利けない人の場合は耳に指を入れて、彼の舌に自分のつばきを付けて「開け」と命じたり……。手を置く場合もあれば、はるかに遠く離れたところから命じるだけで癒されたりと、実に千差万別です。また、イエスの衣の房に触るだけで癒された女性もいました。

そこで、イエスは彼と一緒に出かけられた。大ぜいの群衆もイエスに押し迫りながら、ついて行った。

さてここに、十二年間も長血をわずらっている女がいた。多くの医者にかかって、さんざん苦しめられ、その持ち物をみな費してしまったが、なんのかいもないばかりか、かえってますます悪くなる一方であった。

この女がイエスのことを聞いて、群衆の中にまぎれ込み、うしろから、み衣にさわった。それは、せめて、み衣にでもさわれば、なおしていただけるだろうと、思っていたからである。すると、血の元がすぐにかわき、女は病気がなおったことを、その身に感じた。

イエスはすぐ、自分の内から力が出て行ったことに気づかれて、群衆の中で振り向き、「わたしの着物にさわったのはだれか」と言われた。

そこで弟子たちが言った、「ごらんのとおり、群衆があなたに押し迫っていますのに、だれがさわったかと、おっしゃるのですか」。

しかし、イエスはさわった者を見つけようとして、見まわしておられた。その女は自分の身に起ったことを知って、恐れおののきながら進み出て、みまえにひれ伏して、すべてありのままを申し上げた。

イエスはその女に言われた、「娘よ、あなたの信仰があなたを救ったのです。安心して行きなさい。すっかりなおって、達者でいなさい」。

―マルコ福音書5章24節―34節

大勢の群衆の中でも信仰を持ってイエスに触れた彼女に対しては、イエスから神の国のパワー（Dunamis）が流れ出て、その宿病を癒したのです。癒しの鍵は信仰です。信仰を持ってイエスのもとに来た病人はすべて癒されました。


【不思議】

スーパーナチュラルな不思議なわざもイエスは行いました。たとえば人々の心をご自分の霊で読み取ることをよくされました。


彼らが心の中でこのように理屈を言っているのを、イエスはすぐにご自分の霊で見抜いて、こう言われた。「なぜ、あなたがたは心の中でそんな理屈を言っているのか。……」

―マルコ福音書2章8節

またいちじくの木を呪うこともされています(注)。

朝はやく都に帰るとき、イエスは空腹をおぼえられた。そして、道のかたわらに一本のいちじくの木があるのを見て、そこに行かれたが、ただ葉のほかは何も見当らなかった。そこでその木にむかって、「今から後いつまでも、おまえには実がならないように」と言われた。すると、いちじくの木はたちまち枯れた。

弟子たちはこれを見て、驚いて言った、「いちじくがどうして、こうすぐに枯れたのでしょう」。

イエスは答えて言われた、「よく聞いておくがよい。もしあなたがたが信じて疑わないならば、このいちじくにあったようなことが、できるばかりでなく、この山にむかって、動き出して海の中にはいれと言っても、そのとおりになるであろう。また、祈のとき、信じて求めるものは、みな与えられるであろう」。

―マタイ福音書21章18―22節

(注) アダムとエバはいちじくの葉で自分の恥部を覆い隠そうとした事実を思い出してください。

それは人による作為的な取り繕いに過ぎません。また聖書ではイエスを拒絶したイスラエルはいちじくで象徴されています。

なんでこのようなことをされるのでしょう。いわゆる高潔な人格の人とはどこか異なって見えます。そうです、宗教的な人が思い描くような近寄りがたい聖人君主的な人物ではなかったのです。むしろ子供たちや、売春婦、収税人といった人々から蔑まれた者たちが多くイエスのまわりには集まりました。もちろんこのエピソードは、信仰によって語り出された言葉《レーマ》の力を見せるためでした。

彼らがカペナウムにきたとき、宮の納入金を集める人たちがペテロのところにきて言った、「あなたがたの先生は宮の納入金を納めないのか」。ペテロは「納めておられます」と言った。

そして彼が家にはいると、イエスから先に話しかけて言われた、「シモン、あなたはどう思うか。この世の王たちは税や貢をだれから取るのか。自分の子からか、それとも、ほかの人たちからか」。

ペテロが「ほかの人たちからです」と答えると、イエスは言われた、「それでは、子は納めなくてもよいわけである。

しかし、彼らをつまずかせないために、海に行って、つり針をたれなさい。そして最初につれた魚をとって、その口をあけると、銀貨一枚が見つかるであろう。それをとり出して、わたしとあなたのために納めなさい」。

―マタイ福音書17章24―27節

本来、宮の主であるイエスには納税の義務はありません。しかし彼らをつまずかせないために、ペテロに税を納めさせるのですが、釣った魚の口から銀貨を得るのです。なんと不思議なことをなさるお方でしょうか。ある種のユーモアすら感じられるエピソードです。人なるイエスはこのような配慮を怠らない方であったのです。

【奇跡】

奇跡はまさにスーパーナチュラルな現象です。神が自然界の法則を超えて働く現象であり、人々は心底驚いたのです。

聖書の中で、もっとも重要な奇跡は、イエスの復活であることは言うまでもありません。

復活がなかったら福音はまったく無意味なものとなります。

もし死人の復活がないならば、キリストもよみがえらなかったであろう。もしキリストがよみがえらなかったとしたら、わたしたちの宣教はむなしく、あなたがたの信仰もまたむなしい。

すると、わたしたちは神にそむく偽証人にさえなるわけだ。なぜなら、万一死人がよみがえらないとしたら、わたしたちは神が実際よみがえらせなかったはずのキリストを、よみがえらせたと言って、神に反するあかしを立てたことになるからである。

もし死人がよみがえらないなら、キリストもよみがえらなかったであろう。

もしキリストがよみがえらなかったとすれば、あなたがたの信仰は空虚なものとなり、あなたがたは、いまなお罪の中にいることになろう。

—第一コリント書15章13−17節

またイエスは友人のラザロが死んだ時、あえて臭くなるまで四日も待って、彼を復活させています。その際には、イエスは目を上げて、言われた。「父よ。わたしの願いを聞いてくださったことを感謝いたします。わたしは、あなたがいつもわたしの願いを聞いてくださることを知っておりました。しかしわたしは、回りにいる群衆のために、この人々が、あなたがわたしをお遣わしになったことを信じるようになるために、こう申したのです」。

そして、イエスはそう言われると、大声で叫ばれた。「ラザロよ。出て来なさい」。

―ヨハネ福音書11章41節―43節（新改訳）

と、これ見よがしにデモンストレーションを行いました。これにより人々に神の国の到来と力を示されたのです。

物理的法則に反する奇跡としてもっとも顕著な例はこれです。

イエスは夜明けの四時ごろ、海の上を歩いて彼らの方へ行かれた。弟子たちは、イエスが海の上を歩いておられるのを見て、幽霊だと言っておじ惑い、恐怖のあまり叫び声をあげた。

しかし、イエスはすぐに彼らに声をかけて、「しっかりするのだ、わたしである。恐れることはない」と言われた。

するとペテロが答えて言った、「主よ、あなたでしたか。では、わたしに命じて、水の上を渡ってみもとに行かせてください」。

イエスは、「おいでなさい」と言われたので、ペテロは舟からおり、水の上を歩いてイエスのところへ行った。

しかし、風を見て恐ろしくなり、そしておぼれかけたので、彼は叫んで、「主よ、お助けください」と言った。

イエスはすぐに手を伸ばし、彼をつかまえて言われた、「信仰の薄い者よ、なぜ疑ったのか」。

ーマタイ福音書14章25ー31節

イエスのみでなくペテロまでも水の上を歩いた!? 鍵はイエスが語り出された言葉《レーマ》にあります。なぜならこうあるからです。


神の語り出された言葉《レーマ》には、なんでもできないことはない。

ールカ福音書1章37節（原語）

また次のような例もありました。

夕方になったので、弟子たちがイエスのもとにきて言った、「ここは寂しい所でもあり、もう時もおそくなりました。群衆を解散させ、めいめいで食物を買いに、村々へ行かせてください」。

するとイエスは言われた、「彼らが出かけて行くには及ばない。あなたがたの手で食物をやりなさい」。

弟子たちは言った、「わたしたちはここに、パン五つと魚二ひきしか持っていません」。

イエスは言われた、「それをここに持ってきなさい」。

そして群衆に命じて、草の上にすわらせ、五つのパンと二ひきの魚とを手に取り、天を仰いでそれを祝福し、パンをさいて弟子たちに渡された。弟子たちはそれを群衆に与えた。

みんなの者は食べて満腹した。パンくずの残りを集めると、十二のかごにいっぱいになった。食べた者は、女と子供とを除いて、およそ五千人であった。

―マタイ福音書14章15-21節

解説は不要です。パンと魚という物質が増える奇跡です。また類似の例としては、水をワインに変えたりもしました（ヨハネ福音書2章9節）。

その他、数え切れないほどの奇跡を行いました。ヨハネはこう書いています。

イエスのなさったことは、このほかにまだ数多くある。もしいちいち書きつけるならば、世界もその書かれた文書を収めきれないであろうと思う。

―ヨハネ福音書1章25節

神の国

イエスの福音、つまり良きニュースは、地上に神の国が到来したことです。現在まで、この世はサタンによって横奪されています。ニュースなどで見聞きする事件や事故を見れば明らかでしょう。何故にそのような悲劇や悲惨がこの地上には満ちているのでしょうか？　それはサタンの本性の表現なのです。しかしイエスは宣言されました。

しかし、わたしが神の霊によって悪霊を追い出しているのなら、神の国はすでにあなた

がたのところにきたのである。

―マタイ12章28節

この神の国とはいったい何なのでしょう。

神の国の本質は霊的な存在であり、スーパーナチュラルなものです。しかし、それがこの物理的時空間に出現したのです。イエスはまさにそれをその活動によってデモンストレーションされました。神の国は、**神の統治**、**神の力**、**神の臨在**からなります。この世でも王は統治権を有し、その統治を実行するための力を持ち、自分の存在を示します。それによりその王国は王の人格や性質を反映するようになります。

神の国も同じです。イエスは父なる神の反映であり、父なる神の御心を力をもって行いました。こうしてサタンに横奪されている地上に神の統治、力、臨在をもたらしたのです。

あなたがたは、もしわたしを知っていたなら、父をも知っていたはずです。しかし、今や、あなたがたは父を知っており、また、すでに父を見たのです」。

ピリポはイエスに言った。「主よ。私たちに父を見せてください。そうすれば満足します」。

イエスは彼に言われた。「ピリポ。こんなに長い間あなたがたといっしょにいるのに、あなたはわたしを知らなかったのですか。わたしを見た者は、父を見たのです。どうしてあなたは、『私たちに父を見せてください。』と言うのですか……」。

―ヨハネ福音書14章7―9節（新改訳）

神の国は次のように定義されています。

神の国は飲食ではなく、義と、平和と、聖霊における喜びとである。

―ローマ書14章17節

神の国は言《ロゴス》にではなく、力のうちにある。

―第一コリント書4章20節（原語）

神の国に生きるとき、もろもろの約束が与えられていますが、人間にとってもっとも本質的なことは次のことでしょう。

それだから、あなたがたに言っておく。何を食べようか、何を飲もうかと、自分の命のことで思いわずらい、何を着ようかと自分のからだのことで思いわずらうな。命は食物にまさり、からだは着物にまさるではないか。

空の鳥を見るがよい。まくことも、刈ることもせず、倉に取りいれることもしない。それだのに、あなたがたの天の父は彼らを養っていて下さる。あなたがたは彼らよりも、はるかにすぐれた者ではないか。

あなたがたのうち、だれが思いわずらったからとて、自分の寿命をわずかでも延ばすことができようか。

また、なぜ、着物のことで思いわずらうのか。野の花がどうして育っているか、考えて見るがよい。働きもせず、紡ぎもしない。しかし、あなたがたに言うが、栄華をきわめた時のソロモンでさえ、この花の一つほどにも着飾ってはいなかった。

きょうは生えていて、あすは炉に投げ入れられる野の草でさえ、神はこのように装って下さるのなら、あなたがたに、それ以上よくしてくださらないはずがあろうか。ああ、信仰の薄い者たちよ。

だから、何を食べようか、何を飲もうか、あるいは何を着ようかと言って思いわずらうな。これらのものはみな、異邦人が切に求めているものである。あなたがたの天の父は、これらのものが、ことごとくあなたがたに必要であることをご存じである。まず神の国と神の義とを求めなさい。そうすれば、これらのものは、すべて添えて与えられるであろう。だから、あすのことを思いわずらうな。あすのことは、あす自身が思いわずらうであろう。一日の苦労は、その日一日だけで十分である。

―マタイ福音書6章25―34節

そしてこの神の国は私たちの内側にあるとイエスは言います。

また「見よ、ここにある」、「あそこにある」などとも言えない。神の国は、実にあなたがたのただ中にあるのだ。

―ルカ福音書17章21節

これはどのような意味でしょうか？　後ほど述べることにします。

◆父・子・聖霊なる神

私たちクリスチャンは人間を含めた自然界が木村資生の『中立説』などのように確率論的に生じたとするのではなく、ある超自然的存在がある意図を持ちながら創造したと信じております。近年、欧米ではサイエンティストの間でＩＤ理論が注目されています。何か偉大な存在（Something Great）が知的デザイン（Intelligent Design）したとする説です。それはどなたでしょうか？

さて、「信じている」と言いますと、そんな非科学的なことでは話にならないとおっしゃるむきもありますが、進化論にしたって猿から人に変化するのを誰も見た人はおりません。あくまで状況証拠に基づいて推理を組み立てているだけであって、進化論の信奉者もいわば見た事のない理論を「信じている」だけです。聖書では目で見ないで事実と認めることを信仰と言います。ですから要は選択の問題に過ぎません。

このサムシング・グレイトな存在こそが神（God）であって、聖書はこの方のアイデンティティーを明確に啓示します。神は人と同様の人格（Person）を持たれる存在と聖書は述べております。否、むしろ人が神によりご自身に似せて創造されたと聖書は語ります。

そして神は、「われわれに似るように、われわれのかたちに、人を造ろう」……神はこのように、人をご自身のかたちに創造された。

―創世記1章26節

ここで神がご自身を指して言うのに「われわれ」との呼称を用いております。言語学的にはヘブル語における「権威・強調の表現」とする説もありますが、クリスチャン的には、唯一の神が**父**、**子**、**聖霊**なる三つの区別される人格（Persons、人間と区別するために神学的には「位格」と言う）を持ち、しかもその本質において一つであるとするいわゆる「三位一体」の啓示と信じております。三にして一なる存在として聖書では神を紹介しております。これは人のマインド、理解力を超えております。

聖書の啓示する神（God）と、アニミズム的な日本の「八百万の神々」の違いは、まさにこの「本質において同質の三人格を持たれた唯一の神」という点にあります。その第二格の子なる神がイエスとしての人性をとられたのです。

父なる神

父なる神は永遠の初め（時間が生じる前）から独立自存されるお方であり、全知・全能にして遍在され、意図を持って愛にあって万物を創造されました。

こうして、天にいますあなたがたの父の子となるためである。天の父は、悪い者の上にも良い者の上にも、太陽をのぼらせ、正しい者にも正しくない者にも、雨を降らして下さるからである。それだから、あなたがたの天の父が完全であられるように、あなたがたも完全な者となりなさい。

―マタイ福音書5章45―48節（抜粋）

イエスは十字架で亡くなる時、この父に人としてのご自分の霊を捧げました。

そのとき、イエスは声高く叫んで言われた、「父よ、わたしの霊をみ手にゆだねます」。こう言ってついに息を引きとられた。

―ルカ福音書23章46節

この父は聖であり、天地の基を据え、あらゆる存在と価値の根源なるお方です。そして愛であり義なる方です。

愛のない者に、神はわかりません。なぜなら神は愛だからです。私たちは、私たちに対する神の愛を知り、また信じています。神は愛です。愛のうちにいる者は神のうちにおり、神もその人のうちにおられます。

―第一ヨハネ書4章8、19節（新改訳）

信じる者はこの方の子となることができるのです。

しかし、この方を受け入れた人々、すなわち、その名を信じた人々には、神の子どもとされる特権をお与えになった。

―ヨハネ福音書1章12節（新改訳）

子なる神

子なる神は永遠の初めから父なる神と共におられ、神の言《ロゴス》と言われ、創造にも関わられましたが、時至ると人を罪から救うために人の子イエスとして人間の様をとられ地上に来てくださり（受肉）、十字架において贖いのみわざを成してくださったお方です。

子なる神は地上に幕屋を張られたのです。


はじめに、ことば《ロゴス》がいた（注）。ことばは、神のもとにいた。ことばは、神であった。この方は、はじめに神のもとにいた。

すべてのことは、彼を介して生じた。彼をさしおいては、なに一つ生じなかった。彼において生じたことは、生命《ゾーエ》であり、その生命は人々の光であった。……

ことばは肉〔なる人〕となって、われわれの間に幕屋を張った。―われわれは彼の栄光を、父から〔遣わされた〕ひとり子の〔持つものと〕としての栄光を見た―〔彼は〕恵みと真理に満ちて〔いた〕。

―ヨハネ福音書1章1‐14節（岩波訳抜粋）

（注）この「はじめに」は創世記1章1節の「はじめに」とは異なります。創世記は時間の端点つまり「開始点」、ヨハネ福音書では時空間が存在していなかった「永遠のはじめ」であり、時間の概念を超えています。

神の国は父なる神が統治される領域ですがそこに至るための道、あるいはポータルがイエスです。

そこで、イエスはまた言われた。「まことに、まことに、あなたがたに告げます。わたしは羊の門です。……わたしは門です。だれでも、わたしを通ってはいるなら、救われます。また安らかに出入りし、牧草を見つけます。……」

―ヨハネ福音書10章7―9節

この方以外には、だれによっても救いはありません。世界中でこの御名のほかには、私たちが救われるべき名としては、どのような名も、人間に与えられていないからです。

―使徒行伝４章12節（新改訳）

この御名とはヘブル語の「イエシュア（ヨシュア）」、「神は救い」という意味です。

なぜなら、もしあなたの口でイエスを主と告白し、あなたの心で神はイエスを死者の中からよみがえらせてくださったと信じるなら、あなたは救われるからです。

人は心に信じて義と認められ、口で告白して救われるのです。……「主の御名を呼び求める者は、だれでも救われる」のです。

―ローマ書10章9―13節（新改訳）

その方の本質についてはこう書かれています。

御子は、見えない神のかたちであり、造られたすべてのものより先に生まれた方です。なぜなら、万物は御子にあって造られたからです。天にあるもの、地にあるもの、見えるもの、また見えないもの、王座も主権も支配も権威も、すべて御子によって造られたのです。万物は、御子によって造られ、御子のために造られたのです。

御子は、万物よりも先に存在し、万物は御子にあって成り立っています。

また、御子はそのからだである教会のかしらです。御子は初めであり、死者の中から最初に生まれた方です。こうして、ご自身がすべてのことにおいて、第一のものとなられたのです。

なぜなら、神はみこころによって、満ち満ちた神の本質を御子のうちに宿らせ、その十字架の血によって平和をつくり、御子によって万物を、ご自分と和解させてくださったか

らです。地にあるものも天にあるものも、ただ御子によって和解させてくださったのです。

―コロサイ書1章15－20節

神の本質が満ち満ちたさまをとって宿っておられるお方、しかし完全なる人間（二性一人格と言います）。つまりGod-Man、この方が御子イエスです。

聖霊なる神

聖霊なる神は永遠のはじめから父なる神、子なる神と共におられ、創造にも関わられました。イエスが救いのわざを十字架で完成され、天に戻られた後、父なる神のみもとから地上に遣わされ、イエスの救いのみわざを信じる者たちに天の事象（サブスタンス）を物理的世界での経験とするために、信者の内外で働かれるお方です。ゆえにイエスは「別の（しかし同質の）助け主」と呼びました。もちろん人（位）格を持たれますが、いわば地上に遣わされた神の力です。あらゆるスーパーナチュラルな現象は、つまり神の国の現出と経験は、イエスの時代も現在も聖霊なる神によるのです（注）。

わたしは父にお願いしよう。そうすれば、父は別に助け主を送って、いつまでもあなたがたと共におらせて下さるであろう。それは真理の御霊である。この世はそれを見ようともせず、知ろうともしないので、それを受けることができない。あなたがたはそれを知っている。なぜなら、それはあなたがたと共におり、またあなたがたのうちにいるからである。

―ヨハネ福音書14章16―17節

イエスは彼に答えて言われた、「もしだれでもわたしを愛するならば、わたしの言葉を守るであろう。そして、わたしの父はその人を愛し、また、わたしたちはその人のところに行って、その人と一緒に住むであろう。……」

―同14章23節

聖霊を受けることとは、父と子がうちに住まわれること。つまり三位一体の神がイエスの肉体のみでなく、信じる者をも幕屋としてくださるのです。

イエスは内的な聖霊の働きについてこう言っています。

しかし、助け主、すなわち、父がわたしの名によってつかわされる聖霊は、あなたがた

ろう。

にすべてのことを教え、またわたしが話しておいたことを、ことごとく思い起させるであろう。

―ヨハネ福音書14章26節（新共同訳）

御霊はわたしに栄光を得させるであろう。わたしのものを受けて、それをあなたがたに知らせるからである。

―ヨハネ福音書16章14節

聖霊は私たちにイエスの言葉を語り、イエスのわざを伝達し、イエスに栄光を与える霊です。一言で言えば聖霊の内住により霊の領域におられるイエスが私たちの内に実体化されるのです。これは時空間を超えた経験です。そこでキリストの御霊とも呼ばれます。

対して、力としての聖霊は、後ほど述べますが、ペンテコステの日に注ぎ出されました。するとと弟子たちは力を受けたのです。彼らはイエスがなしたような力あるわざを行い、時には死者もよみがえらせて、大胆に神の国の福音を全世界に宣べ伝えていったのです。

このように聖霊は内的には三位一体なる神を信者の霊のうちに住まわせ、外的には神の国の力としての現れ、奇跡や癒しのわざをなさるお方です。

（注）禅の鈴木大拙は、わしはイエスが禅者にして覚者とわかるが、ただどうしても聖霊というものがわからん、と書いています。善悪の二元論を超えた一元世界に生きる禅者と一見イエスは似ているのですが、聖霊を知るかどうか、ここに両者の本質的な違いがあるのです。

◆十字架――メシアの死

イエスは神の国を宣べ伝えながら、著しい癒しや奇跡的なわざを行い、人々を解放しました。が、彼らの「メシア」像とは異なりました。同時に当時の宗教的な権力者たちを偽善者として糾弾し、その不正を指弾しました。このため彼らから妬まれ、深い恨みを買うことになったのです。そしてついに自分を神にする冒涜罪で十字架につけられます。このとき、ローマの権力者ピラトも関与するのですが、彼はイエスの無実を知りつつも、大衆の歓心を買うためにイエスの処刑を認めます。つまりイエスは文化（世俗）勢力、宗教的権力、政治的権力によって死に追いやられたと言えます（注）。この三要素は神を離れた人間が生み出したものであり、この世の構成要素です。ダニエル（BC六世紀に活躍）はこの日を正確に予言しています（9章）。

（注）イエスの十字架の罪状書きにはヘブル語、ラテン語、ギリシャ語で「ユダヤ人の王、ナザレ人イエス」とありました（ヨハネ福音書19章19節）。ヘブル語では〝Yeshua HaNazarei VMelech HaYehudim〟。頭文字を取ると、〝YHWH〟（ヘブル語ではV＝W）。そうです、「ありてある」です。当時、ヘブル語は宗教を、ラテン語は政治を、ギリシャ語は文化を象徴しました。

ここでイエスはご自分がこのような死を迎えること、その意味をすでに知っておられました。

さて、イエスは、エルサレムに上ろうとしておられたが、十二弟子だけを呼んで、道々彼らに話された。

「さあ、これから、わたしたちはエルサレムに向かって行きます。人の子は、祭司長、律法学者たちに引き渡されるのです。彼らは人の子を死刑に定めます。

そして、あざけり、むち打ち、十字架につけるため、異邦人に引き渡します。しかし、人の子は三日目によみがえります」。

―マタイ福音書20章17-19節（新改訳）

イエスが受けた刑の惨さはメル・ギブソン監督の映画『パッション』においてありありと描写されています。彼の受けたその傷は全人類の罪の贖いのためのものでした。イエスはあなたのために死なれたのです。あなたが永遠のいのちを得るために……。

ところでイエスはご自分が旧約聖書に預言されたメシアであると、いつごろ理解されたのでしょうか。ルカ福音書にはこうあります。

さて、イエスの両親は、過越の祭には毎年エルサレムへ上っていた。

イエスが十二歳になった時も、慣例に従って祭のために上京した。ところが、祭が終って帰るとき、少年イエスはエルサレムに居残っておられたが、両親はそれに気づかなかった。そして道連れの中にいることと思いこんで、一日路を行ってしまい、それから、親族や知人の中を捜しはじめたが、見つからないので、捜しまわりながらエルサレムへ引返した。

そして三日の後に、イエスが宮の中で教師たちのまん中にすわって、彼らの話を聞いたり質問したりしておられるのを見つけた。聞く人々はみな、イエスの賢さやその答に驚嘆していた。

両親はこれを見て驚き、そして母が彼に言った、「どうしてこんな事をしてくれたのです。ごらんなさい、おとう様もわたしも心配して、あなたを捜していたのです」。するとイエスは言われた、「どうしてお捜しになったのですか。わたしが自分の父の家にいるはずのことを、ご存じなかったのですか」。しかし、両親はその語られた言葉を悟ることができなかった。　－ルカ福音書２章41－50節

イエスは十二歳の時点で、宮が自分の父の家であると認識しています。ヨセフはこの発言に面食らったことでしょう。「お前の父は自分だが？」と。しかしイエスの真の父は天の父なる神です。まことに不思議な子供であったことでしょう(注)。

（注）ある有名な犯罪精神医学者はイエスは妄想病患者だったと書いています。信者はその妄想を共有しているわけです。確かに霊的世界を認めない場合はそう〝診断〟しても宜なるかなではあります。この世界に別の世界が介入しているのですから。

そして三十歳頃に公の働きを始められました。この時には自分がエルサレムにおいて十字架につけられることを知っておられたのです。なぜ、彼は死ななくてはならなかったのでしょう。

しかるに、キリストは多くの罪のために一つの永遠のいけにえをささげた後、神の右に座し……

－ヘブル書10章12節

彼の死は私たちのもろもろの罪を負われ、それを裁くためであったのです。しかもそれはイエスにとって栄光、喜び、そして満足であったと聖書は証言しています。十字架刑が喜び？　はい、私たちのマインドをはるかに超えることです。

これらのことを語り終えると、イエスは天を見あげて言われた、「父よ、時がきました。あなたの子があなたの栄光をあらわすように、子の栄光をあらわして下さい。……」

－ヨハネ福音書17章1節

彼は、自分の前におかれている喜びのゆえに、恥をもいとわないで十字架を忍び、神の御座の右に座するに至ったのである。

―ヘブル書12章2節

彼は自らの苦しみの実りを見、それを知って満足する。わたしの僕は、多くの人が正しい者とされるために彼らの罪を自ら負った。

―イザヤ書53章11節

ここで冒頭述べた創世記1章1節のジェネシス・コードが成就しました。では「実り」って何なのでしょう？

それは十字架のもう一つの重要な意義として、新しい人類を生み出すことでした。まずは神と人の間を妨げていた人類の罪と旧い創造を処理する場、これが十字架でした。そのために彼は誕生時点から、すでに死に定められていたのです。彼の死については、仮死状態であったなどとも言われるのですが、ヨハネ福音書ではこう証言されています。

すると、イエスはそのぶどう酒を受けて、「すべてが終った」と言われ、首をたれて息をひきとられた。

……

しかし、彼らがイエスのところにきた時、イエスはもう死んでおられたのを見て、その足を折ることはしなかった。

しかし、ひとりの兵卒がやりでそのわきを突きさすと、すぐ血と水とが流れ出た。

―ヨハネ福音書19章30―34節

イエスは確かに死んだのです、私たちのもろもろの罪を負われて。さらに、その死についてパウロはこう証しています。

……

すなわち、わたしたちは、その死にあずかるバプテスマによって、彼と共に葬られたのである。

わたしたちは、この事を知っている。わたしたちの内の古き人はキリストと共に十字架につけられた。それは、この罪のからだが無力とされ（原語）、わたしたちがもはや、罪の奴隷となることがないためである。それは、すでに死んだ者は、罪から解放されているからである。

―ローマ書6章4－7節

実はアダムの系列の中に生まれた私たち――これを「古い私」と呼び、罪を犯すルーツである存在と言えます――もキリストと共に死んだのです。自分にとってももっともやっかいな存在は自意識に満ちた自分自身であることは誰もが知っているでしょう(注)。神はその存在を十字架で抹殺してくださったのです。え、二千年前には私は存在していないが!?しかし、神はこの物理的時空間に拘束されないスーパーナチュラルな存在です。私たちの知性で理解することは無理ですが、霊的な事実であり、私たちを罪の束縛から解き、スーパーナチュラルな次元に生きることを可能にする鍵なのです。信仰はそれを知るのです。

うーん、それにしても新しい人類の誕生って……。これこそが本書の中心論点ですが、後ほど詳しく述べましょう。

（注）自己からの解放は仏教などでも求めるところです。老子の「無為自然」とか、親鸞の「自然法爾」とか、道元の「心身脱落」などの経験です。しかし、聖書的に見ると、これらの経験はあくまでもアダム系列における経験です。つまりいのちの系列が異なるのです。

◆復活――スーパーナチュラルなメシアの勝利

サタン（「敵」の意）はイエスの誕生以前からヘロデによってメシアを殺そうとしていました（マタイ福音書2章16節）。別名悪魔《ディアボロス》（「告発・中傷する者」の意）は死の力をもってこの世を支配します。

このように、子たちは血と肉とに共にあずかっているので、イエスもまた同様に、それらをそなえておられる。それは、死の力を持つ者、すなわち悪魔を、ご自分の死によって滅ぼし、死の恐怖のために一生涯、奴隷となっていた者たちを、解き放つためである。

―ヘブル書2章14―15節

しかしイエスは復活しました。それは死の支配者サタンに対する勝利の証明です。

さて、一週の初めの日に、朝早くまだ暗いうちに、マグダラのマリヤが墓に行くと、墓から石がとりのけてあるのを見た。

そこで走って、……もうひとりの弟子のところへ行って、彼らに言った、「だれかが、主を墓から取り去りました。どこへ置いたのか、わかりません」。

そこでペテロともうひとりの弟子は出かけて、墓へむかって行った。……そのもうひとりの弟子の方が、ペテロよりも早く走って先に墓に着き、そして身をかがめてみると、亜麻布がそこに置いてあるのを見たが、中へははいらなかった。

シモン・ペテロも続いてきて、墓の中にはいった。彼は亜麻布がそこに置いてあるのを見たが、イエスの頭に巻いてあった布は亜麻布のそばにはなくて、はなれた別の場所にくるめてあった。……

しかし、彼らは死人のうちからイエスがよみがえるべきことをしるした聖句を、まだ悟っていなかった。それから、ふたりの弟子たちは自分の家に帰って行った。

しかし、マリヤは墓の外に立って泣いていた。そして泣きながら、身をかがめて墓の中をのぞくと、白い衣を着たふたりの御使が、イエスの死体のおかれていた場所に、ひとりは頭の方に、ひとりは足の方に、すわっているのを見た。

すると、彼らはマリヤに、「女よ、なぜ泣いているのか」と言った。マリヤは彼らに言った、「だれかが、わたしの主を取り去りました。そして、どこに置いたのか、わからないのです」。

そう言って、うしろをふり向くと、そこにイエスが立っておられるのを見た。しかし、それがイエスであることに気がつかなかった。

イエスは女に言われた、「女よ、なぜ泣いているのか。だれを捜しているのか」。マリヤは、その人が園の番人だと思って言った、「もしあなたが、あのかたを移したのでしたら、どこへ置いたのか、どうぞ、おっしゃって下さい。わたしがそのかたを引き取ります」。

イエスは彼女に「マリヤよ」と言われた。マリヤはふり返って、イエスにむかってヘブル語で「ラボニ」と言った。それは、先生という意味である。-ヨハネ福音書20章1-16節

後世に「疑いのトマス」と呼ばれる弟子は、他の弟子たちの証言では不足で、イエスの体にあるはずの傷に指を入れないと信じないと公言しました。

十二弟子のひとりで、デドモと呼ばれているトマスは、イエスがこられたとき、彼らと

一緒にいなかった。ほかの弟子たちが、彼に「わたしたちは主にお目にかかった」と言うと、トマスは彼らに言った、「わたしは、その手に釘あとを見、わたしの指をその釘あとにさし入れ、また、わたしの手をそのわきにさし入れてみなければ、決して信じない」。
八日ののち、イエスの弟子たちはまた家の内におり、トマスも一緒にいた。戸はみな閉ざされていたが、イエスがはいってこられ、中に立って「安かれ」と言われた。それからトマスに言われた、「あなたの指をここに付けて、わたしの手を見なさい。手をのばしてわたしのわきにさし入れてみなさい。信じない者にならないで、信じる者になりなさい」。トマスはイエスに答えて言った、「わが主よ、わが神よ」。イエスは彼に言われた、「あなたはわたしを見たので信じたのか。見ないで信ずる者は、さいわいである」。

―同20章24－29節

カラヴァッジオの絵画にもなっている感動的場面です。イエスは頑ななトマスをも顧みてくださるのです。確かにイエスは肉体をもって復活されました。実はこの時に霊的には素晴らしいことが起きていたのです。信じる者もいっしょに復活したのです！

すなわち、わたしたちは、その死にあずかるバプテスマによって、彼と共に葬られたのである。それは、キリストが父の栄光によって、死人の中からよみがえらされたように、わたしたちもまた、新しいいのち《ゾーエ》に生きるためである。もしわたしたちが、彼に結びついてその死の様にひとしくなるなら、さらに、彼の復活の様にもひとしくなるであろう。

―ローマ書6章4―5節

新しい人類、新創造の誕生です。ここで不思議なことに、イエスの肉体には傷が残されていましたが、普通とは違う体でした。戸がしまっているのに入って来られたのです。しかしルカ福音書にはこうあります。

彼らは恐れ驚いて、霊を見ているのだと思った。そこでイエスが言われた、「なぜおじ惑っているのか。どうして心に疑いを起すのか。わたしの手や足を見なさい。まさしくわたしなのだ。さわって見なさい。霊には肉や骨はないが、あなたがたが見るとおり、わたしにはあるのだ」。こう言って、手と足とをお見せになった。

―ルカ福音書24章37―40節

この体は「霊の体」と呼ばれています。そうです、スーパーナチュラルな体なのです。

死人の復活も、また同様である。朽ちるものでまかれ、朽ちないものによみがえり、卑しいものでまかれ、栄光あるものによみがえり、弱いものでまかれ、強いものによみがえり、肉のからだでまかれ、霊のからだによみがえるのである。肉のからだがあるのだから、霊のからだもあるわけである。

―第一コリント書15章42‐44節

私たちもイエスと同じこの霊の体を得ることができるのです。なんと聖書はとんでもない話を告げる書であることでしょう！

◆サタンの由来と敗北

創世記で神が六日間の創造をすべて終えた後、エデンの園になぜか蛇がおり、彼を通してサタンがエバを誘惑しました。不思議です。この蛇はどこから侵入したのでしょう。さらに不思議なことは、創造の二日目にこうあります。

神はまた言われた、「水の間におおぞらがあって、水と水とを分けよ」。そのようになった。神はおおぞらを造って、おおぞらの下の水とおおぞらの上の水とを分けられた。神はそのおおぞらを天と名づけられた。夕となり、また朝となった。第二日である。

－創世記1章6－8節

ここで神は「良しとされた」と言われていません。ご自分で聖書を確認してみていただきたいのですが、他の日には必ず「良しとされた」と言われています。特に六日目の人の創造においては「はなはだ良かった」と言われています。なぜ二日目だけが特別なのでしょう？　神がよしとされなかった特別の事情があるのでしょうか？

創世記の最初の二節をよく見てみましょう。

はじめに神は天と地とを創造された。地は形なく、むなしく、やみが淵のおもてにあり、

神の霊が水のおもてをおおっていた。

神が創造された地は形がなく、つまり混沌として、むなしく、闇があったとあります。聖書では「神は光である」（第一ヨハネ書1章5節）と言っています。光なる方がなぜこのように地を造ることがあるのでしょうか。一方でイザヤ書にはこうあります。

神である方、天を創造し、地を形づくり、造り上げて、固く据えられた方。混沌として創造されたのではなく、人の住む所として形づくられた方。－イザヤ書45章18節（新共同訳）

明らかに矛盾しています。また地が作られた時の光景はこう書かれています。

わたしが地の基をすえた時、どこにいたか。もしあなたが知っているなら言え。あなたがもし知っているなら、だれがその度量を定めたか。だれが測りなわを地の上に張ったか。その土台は何の上に置かれたか。その隅の石はだれがすえたか。かの時には明けの星は相共に歌い、神の子たちはみな喜び呼ばわった。

－ヨブ記38章４－７節

これも創世記1章2節の記述とは雰囲気が大きく異なります。結論を申し上げると、この1節と2節の間にはギャップがあるのです。つまり2節は「地は形がなくなり、むなしくなった」と訳すべきなのです。事実、創世記19章26節などでは同じ単語が「なった」と訳されています。すなわちこの二つの節の間には、期間は不明ですが、何か大きな事件があったのです。それはサタンの反逆であろうと推測されるのです。

人の子よ、ツロの王のために悲しみの歌をのべて、これに言え。主なる神はこう言われる、あなたは知恵に満ち、美のきわみである完全な印である。

あなたは神の園エデンにあって、もろもろの宝石が、あなたをおおっていた。すなわち赤めのう、黄玉、青玉、貴かんらん石、緑柱石、縞めのう、サファイヤ、ざくろ石、エメラルド。そしてあなたの象眼も彫刻も金でなされた。これらはあなたの造られた日に、あなたのために備えられた。

わたしはあなたを油そそがれた守護のケルブと一緒に置いた。あなたは神の聖なる山にいて、火の石の間を歩いた。

あなたは造られた日から、あなたの中に悪が見いだされた日まではそのおこないが完全であった。

あなたの商売が盛んになると、あなたの中に暴虐が満ちて、あなたは罪を犯した。それゆえ、わたしはあなたを神の山から汚れたものとして投げ出し、守護のケルブはあなたを火の石の間から追い出した。

あなたは自分の美しさのために心高ぶり、その輝きのために自分の知恵を汚したゆえに、わたしはあなたを地に投げうち、王たちの前に置いて見せ物とした。

あなたは不正な交易をして犯した多くの罪によってあなたの聖所を汚したゆえ、わたしはあなたの中から火を出してあなたを焼き、あなたを見るすべての者の前であなたを地の上の灰とした。

もろもろの民のうちであなたを知る者は皆あなたについて驚く。あなたは恐るべき終りを遂げ、永遠にうせはてる」。

―エゼキエル書28章12―19節

ツロの王に対する託宣ですが、どうみても人のこととは思えません。ここにある神の園エデンはアダムとエバが置かれたエデンの園ではありません。物理的領域ではなく霊的領域です。彼は神の園エデンにおり、知恵に満ち、美の極みである完全な存在だったのですが、心の高ぶりにより地に投げ落とされました。イザヤ書にはこうあります。

黎明の子、明けの明星よ、あなたは天から落ちてしまった。もろもろの国を倒した者よ、あなたは切られて地に倒れてしまった。

あなたはさきに心のうちに言った、『わたしは天にのぼり、わたしの王座を高く神の星の上におき、北の果なる集会の山に座し、雲のいただきにのぼり、いと高き者のようになろう』。

しかしあなたは陰府に落され、穴の奥底に入れられる。

あなたを見る者はつくづくあなたを見、あなたに目をとめて言う、『この人は地を震わせ、国々を動かし、世界を荒野のようにし、その都市をこわし、捕えた者をその家に解き帰さなかった者であるのか』。

―イザヤ書14章12―17節

明けの明星（=ルシファー）は自分が天にのぼり、自分の王座を設け、神の星の上におき、いと高き者のようになろうとしました。もともと彼は天使長でしたが、自分自身が神になろうとしたのです。アダムとエバの誘惑はこの動機によります。その反逆により天から追放され、陰府に落とされ、穴の奥底に入れられたのでした。彼はイエスを誘惑した時にも、自分を礼拝せよと促しています（マタイ福音書4章9節）。

この反逆の結果、もともと麗しかった地は荒廃し（注）、混沌となったのです。これが創世記1章2節です。しばしば神はなぜサタンを造ったかと質問されますが、ルシファーは自由意志を与えられていたゆえ、自らの意志で反逆し、サタンに堕したのです。神が直接的に悪のルーツを造られたわけではありません。

（注）なお、現在、人類に似ている生物の化石が発見されて、その年代は数万年とか、数十万年と推定されていますが、これらの生物をプレ・アダミック（前アダム的）生物と呼びます。サタンの反逆によって絶滅した種であろうと考えられます。ただし、聖書は古代生物学の書物ではありませんので、詳細は語っておりません。

地に落とされたサタンはこのようにして、すでにエデンの園に蛇として侵入していたのです。エペソ人への手紙をみますと、こうあります。

かつてはそれらの中で、この世のならわしに従い、空中の権をもつ君、すなわち、不従順の子らの中に今も働いている霊に従って、歩いていたのである。 ―エペソ書2章2節

空中の権を持つ君とは、サタンのことです。彼は神のおられる天（これを第三の天といいます：第二コリント書12章2節）から落とされ、今、この空中に存在しているのです。もちろんそれは霊的領域ですが、聖書的にはこの霊がいる領域を第二の天、物理的な天を第一の天と言います。サタンが反逆した時に彼に従った天使が堕落天使です。神は彼らや悪霊（由来は諸説あり）を穴（ギリシャ語で「アビス」と言います）に閉じ込めていたのですが、二日目に大空を分けた時、その一部が解かれたと推測されます。これが二日目を良しとしなかった理由と考えられます。

それにしても神はなぜサタンの誘惑を許されたのでしょう。これは神がなぜ人類を造られたのかという疑問と同じミステリーです。ここでは神の主権としか言えません（ローマ書9章20－21節参照）。

サタンの本質は嫉妬にあります。もともと彼は自分が神になりたかったのですが、神は人を神のように創造されました。つまり、人に対する嫉妬が彼のすべての動機です。そこで人に罪を犯させ、義なる神がどう人を裁くか、高みの見物をしたかったのです。もし裁かなかったならば、神が不義となります。ところが神は愛であり、人を愛しておられます。ここで神は愛と義のジレンマをかかえられたのです。サタンは神がどうするか、うずうずしていたことでしょう。

この神のジレンマを解消するために子なる神が人となられ、全人類の罪を十字架で負われました。父なる神は、人となられた子なるイエスのうちに、全人類をそのもろもろの罪と共におき、イエスを裁くことにより全人類のすべての罪と原罪を裁いたのです。まことにスーパーナチュラルな解決策でした。サタンはイエスを滅ぼしてしまえば神は敗北すると考えたのですが、イエスの死により神の愛と義が矛盾なく証明されたのです。しかもイエスは復活されました。これは神の勝利であり、サタンの敗北です。こうして創世記３章15節が成就しました。サタンは女のすえイエスにより頭を砕かれたのです。

わたしは恨みをおく、おまえと女とのあいだに、おまえのすえと女のすえとの間に。彼はおまえのかしらを砕き、おまえは彼のかかとを砕くであろう。

―創世記３章15節

まことに十字架は人間的に見ると愚かなものですが、神の知恵です（第一コリント書1章24節）。サタンは自分の策が神によって見事に利用されたことを知って、さぞ悔しい思いをしていることでしょう。

◆イエスの血による新契約

イエスは死と復活を経て、その血によって新しい契約の仲保者（仲介者）となりました。旧契約とは律法を介しての神と人の関係でした。人は律法を守れば神から良きものや保護を得ることができるのでした。しかし失敗するとイスラエルやユダのように他国から攻めこまれて捕囚されるという悲劇も味わいました。彼らの本質的失敗は、本来、人間が守ることのできない律法を「守ります」と見得を切ってしまったことにありました。繰り返しますが、神が律法を与えたのは、人が神の基準を独力で満たすことは不可能であることを示すためだったのです。そこで自分を救ってくださる存在を求めるようになることを意図されたのでした。何よりも律法はいのち《ゾーエ》を与えません。

このようにして、一方では、前の戒めが弱くかつ無益であったために無効になると共に（律法は、何事をも全うし得なかったからである）、他方では、さらにすぐれた望みが現れてきて、わたしたちを神に近づかせるのである。

―ヘブル書7章18‐19節

もしも、与えられた律法がいのち《ゾーエ》を与えることのできるものであったなら、義は確かに律法によるものだったでしょう。

―ガラテヤ書3章21節（新改訳）

私たちアダムの子孫は、アダムが罪を犯した時、共に罪を犯したと聖書は言います。これを「**包括の原理**」と呼びます。神の目から見るとアダムの子孫はみなアダムと同一視されるのです。ちょうどロシアのマトリョーシカ人形のような感じです。よって人は生まれながら罪人です。

見よ、わたしは不義のなかに生れました。わたしの母は罪のうちにわたしをみごもりま

した。

――詩篇51篇5節

なんと不条理なことでしょう。アダムのただ一つの違反により全人類は罪の中に閉じ込められてしまったのです。

このようなわけで、ひとりの人によって、罪がこの世にはいり、また罪によって死がはいってきたように、こうして、すべての人が罪を犯したので、死が全人類にはいり込んだのである。

――ローマ書5章12節

しかし神は逆のプロセスを用意してくださいました。つまりひとりの人イエス・キリストが神の基準を完全に満たされたので、私たちが信仰によってイエスと同一視されるならば、つまりキリストのうちに置かれるならば、イエスの完全性が私のものとされるのです。私は律法を守ることができなかったとしても、です。なんと都合の良い話ではないでしょうか！

なぜなら、律法を行うことによっては、すべての人間は神の前に義とせられないからである。律法によっては、罪の自覚が生じるのみである。しかし今や、神の義が、律法とは別に、しかも律法と預言者とによってあかしされて、現された。それは、イエス・キリストを信じる信仰による神の義であって、すべて信じる人に与えられるものである。そこにはなんらの差別もない。すなわち、すべての人は罪を犯したため、神の栄光を受けられなくなっており、彼らは、価なしに、神の恵みにより、キリスト・イエスによるあがないによって義とされるのである。

―ローマ書３章20－24節

なぜなら、聖書はなんと言っているか、「アブラハムは神を信じた。それによって、彼は義と認められた」とある。いったい、働く人に対する報酬は、恩恵としてではなく、当然の支払いとして認められる。しかし、働きはなくても、不信心な者を義とするかたを信じる人は、その信仰が義と認められるのである。ダビデもまた、行いがなくても神に義と認められた人の幸福について、次のように言っている、「不法をゆるされ、罪をおおわれた人たちは、さいわいである。罪を主に認められない人は、さいわいである」。

―同４章３－８節

このようなわけで、ひとりの罪過によってすべての人が罪に定められたように、ひとりの義なる行為によって、いのち《ゾーエ》を得させる義がすべての人に及ぶのである。すなわち、ひとりの人の不従順によって、多くの人が罪人とされたと同じように、ひとりの従順によって、多くの人が義人とされるのである。

―同5章18―19節

どうか、クリスチャンとは厳しい戒律を守る人々という宗教的先入観を捨ててください。ここでパウロが強調しているように、神の前で義とされること、すなわち神の絶対基準を満たしていることは、私たちの行為に一切よらないのです。ただ神により、キリストのうちに置かれるだけで、キリストの成就された効果が私のものとなるのです。

信仰の効果のもっとも重要な点は、アダムのうちにいた私たちがキリストのうちに置き替えられることです。律法を守ることができない者は死に定められます（ローマ書6章23節）。つまり律法を守ることができない人（アダムにある私）は死ねばよいのです！　え、死刑になるのですか？　そうです、死刑です。しかし、恐れないでください。それはすでに執行されました。

わたしたちの内の古き人はキリストと共に十字架につけられた。それは、この罪のからだが無効となり（原語）、わたしたちがもはや、罪の奴隷となることがないためである。それは、すでに死んだ者は、罪から解放されているからである。もしわたしたちが、キリストと共に死んだなら、また彼と共に生きることを信じる。

ーローマ書6章6ー8節

信じる者、すなわちキリストのうちに置かれる者は二千年前にキリストが十字架で死なれた時、一緒に死刑執行されたのです！　死こそが救いに至るポータルです。

え、そんなばかな、私は今ここに生きているし、二千年前には存在していなかったでしょうに……。これが生まれながらのマインドの思考パターンです。しかし神は時間と空間に縛られない方です。アダムが罪を犯した時、全人類が罪を犯したと神は見ました。同じように、キリストが義なる行為をした時、信仰によりキリストのうちに置かれる者も義なる行為をしたと神は見ます。これが神のスーパーナチュラルな世界観です。

さらに驚くべきことに、キリストが復活した時、その中に置かれた私たちも復活し、新しいいのち《ゾーエ》に生きる者とされたのです。これが「キリストにある私」です。ああ、とてもついていけないと感じる方もいるでしょう。そうです、聖書で語っていることはスーパーナチュラルなのです。感覚的にはとても受け入れがたいでしょう。これを受け入れるのはただ信仰によります。実は信仰も生まれつきの私の中にはありません。それは聖霊によって息吹かれるものなのです。え、いったい信仰ってなんなの？　と思われる方は、後ほど詳しく解説いたします。

以上のように、キリストがなしてくださった義なる行為を自分のものとすることができる契約、自分は何もしないのに、ただ信じるだけでキリストのうちに置かれることによって、キリストと一緒に死刑になり、一緒に復活し、新しいいのち《ゾーエ》を得ることができるのです。これが**新契約**です。よって新約は「片務契約」と言えます。キリストがすべての義務を果たし、その血により債務を払ってくださったのです(注)。

（注）ヘブル書7章によれば、新約では祭司制度も変更されます。旧約では石の律法に基づくレビ系祭司ですが、新約ではいのちに基づくメルキゼデク系祭司に変わります。メルキゼデクは大いなる人物、サレムの王（平安の王）と呼ばれ、親もなく、系図もない不思議な存在であり、キリストの予型です。人を罪に定める石の律法の務めから、人を義とするいのちの務めへと相転換

が起きたのです。

いわゆる最後の晩餐においてイエスは言われました。

食事ののち、杯をも同じようにして言われた、「この杯は、わたしの血による新しい契約である。飲むたびに、わたしの記念として、このように行いなさい」。

—第一コリント書11章25節

まことに福音とはグッド・ニュースです！

◆聖霊の傾注——弟子達への継承

イエスが十字架にかけられる時、それまで従っていた十二弟子たちもみな逃げ去りました。イエスはただひとり残されたのです。弟子たちはそんなにも意気地がなかったのです。

つまりごく普通の人、それも社会的階層も教育程度も低い者たちでした。

ところがイエスは復活し、四十日間、弟子たちに神の国の教えを与えた後、天に上げられました。


イエスは苦難を受けたのち、自分の生きていることを数々の確かな証拠によって示し、四十日にわたってたびたび彼らに現れて、神の国のことを語られた。そして食事を共にしているとき、彼らにお命じになった、「エルサレムから離れないで、かねてわたしから聞いていた父の約束を待っているがよい。すなわち、ヨハネは水でバプテスマを授けたが、あなたがたは間もなく聖霊によって、バプテスマを授けられるであろう」。

さて、弟子たちが一緒に集まったとき、イエスに問うて言った、「主よ、イスラエルのために国を復興なさるのは、この時なのですか」。

彼らに言われた、「時期や場合は、父がご自分の権威によって定めておられるのであって、あなたがたの知る限りではない。聖霊があなたがたにくだる時、あなたがたは力を受けて、エルサレム、ユダヤとサマリヤの全土、さらに地のはてまで、わたしの証人となるであろう」。

こう言い終ると、イエスは彼らの見ている前で天に上げられ、雲に迎えられて、その姿が見えなくなった。

―使徒行伝1章3―9節

イエスの処刑（過ぎ越しの祭）から五十日後、約束の聖霊が下りました。この日をペンテコステの日（五旬節）と言います。


五旬節の日がきて、みんなの者が一緒に集まっていると、突然、激しい風が吹いてきたような音が天から起ってきて、一同がすわっていた家いっぱいに響きわたった。また、舌のようなものが、炎のように分れて現れ、ひとりびとりの上にとどまった。すると、一同は聖霊に満たされ、御霊が語らせるままに、いろいろの他国の言葉で語り出した。

―同2章1―4節

これを聖霊のバプテスマと言います。バプテスマとは「浸し込む」という意味です。この後、意気地のなかった弟子たちは見違える程の大胆さを持って、イエスがメシアであることを証し、しるしや不思議、そして奇跡的な癒しを行いつつ、宣教するのです。ペテロなどは三回もイエスを否認するのですが、聖霊を受けるとまるで別人です。

そこで、ペテロが十一人の者と共に立ちあがり、声をあげて人々に語りかけた。「ユダヤの人たち、ならびにエルサレムに住むすべてのかたがた、どうか、この事を知っていただきたい。わたしの言うことに耳を傾けていただきたい。

……

イスラエルの人たちよ、今わたしの語ることを聞きなさい。あなたがたがよく知っているとおり、ナザレ人イエスは、神が彼をとおして、あなたがたの中で行われた数々の力あるわざと奇跡としるしとにより、神からつかわされた者であることを、あなたがたに示されたかたであった。

このイエスが渡されたのは神の定めた計画と予知とによるのであるが、あなたがたは彼を不法の人々の手で十字架につけて殺した。

神はこのイエスを死の苦しみから解き放って、よみがえらせたのである。イエスが死に支配されているはずはなかったからである。

……

それで、イエスは神の右に上げられ、父から約束の聖霊を受けて、それをわたしたちに注がれたのである。このことは、あなたがたが現に見聞きしているとおりである。

……

人々はこれを聞いて、強く心を刺され(注)、ペテロやほかの使徒たちに、「兄弟たちよ、わたしたちは、どうしたらよいのでしょうか」と言った。

すると、ペテロが答えた、「悔い改めなさい。そして、あなたがたひとりびとりが罪のゆるしを得るために、イエス・キリストの名によって、バプテスマを受けなさい。そうすれば、あなたがたは聖霊の賜物を受けるであろう。

この約束は、われらの主なる神の召しにあずかるすべての者、すなわちあなたがたと、あなたがたの子らと、遠くの者一同とに、与えられているものである」。

ペテロは、ほかになお多くの言葉であかしをなし、人々に「この曲った時代から救われよ」と言って勧めた。

そこで、彼の勧めの言葉を受けいれた者たちは、バプテスマを受けたが、その日、仲間に加わったものが三千人ほどあった。

―同2章14―41節

（注）「心」は魂と霊の相互作用のあり方を指し、人の個性や内面経験そのものです。ここでは特に良心のことですが、それは霊の機能の一部で、霊の死後も良心はかろうじて機能しており、「霊の名残」（マラキ書2章15節）と呼ばれます。福音は人の良心に訴えるのです。

彼のメッセージにより一日で三千人がイエスを信じたのです！

そのころ、多くのしるしと奇跡とが、次々に使徒たちの手により人々の中で行われた。そして、一同は心を一つにして、ソロモンの廊に集まっていた。ほかの者たちは、だれひとり、その交わりに入ろうとはしなかったが、民衆は彼らを尊敬していた。

しかし、主を信じて仲間に加わる者が、男女とも、ますます多くなってきた。ついには、病人を大通りに運び出し、寝台や寝床の上に置いて、ペテロが通るとき、彼の影なりと、そのうちのだれかにかかるようにしたほどであった。

またエルサレム附近の町々からも、大ぜいの人が、病人や汚れた霊に苦しめられている人たちを引き連れて、集まってきたが、その全部の者が、ひとり残らずいやされた。

これはまことにイエスの次の約束の成就でした。

―同5章12―16節

よくよくあなたがたに言っておく。わたしを信じる者は、またわたしのしているわざをするであろう。そればかりか、もっと大きいわざをするであろう。わたしが父のみもとに行くからである。

―ヨハネ福音書14章12節

ただ、聖霊があなたがたにくだる時、あなたがたは力を受けて、エルサレム、ユダヤとサマリヤの全土、さらに地のはてまで、わたしの証人となるであろう。

―使徒行伝1章8節

かくして意気地のなかった弟子たちが変身した遠藤周作が不思議がる要因Xは、聖霊のバプテスマでした。聖霊のバプテスマは神の国を現し、その力（Dunamis）を伝達するのです。彼らのなした奇跡やしるし・不思議、癒しのわざ、時には死者さえもよみがえらせましたが、これらはすべて聖霊によるものでした。聖霊の傾注こそが終わりの時代（注）の神の経綸であり、信仰のあるところでは現在でもこのような現象を見ることができるのです。このスーパーナチュラルな聖霊と力を受ける特権を信じる者は持つのです！

（注）聖書では、ペンテコステの日から、イエスの再臨の日までを「終わりの日」と言います。あるいは「恵みの経綸」とか「異邦人の時代」とも呼びます。

▼ポータル４：物理的領域と霊的領域

イエスやその弟子たちにより著しい奇跡や癒し・しるし・不思議がなされました。そして福音書や使徒行伝の時代と同じことが今日でも起きているのです。後ほど述べますが、現代人は自然科学的世界観の中に閉じ込められているので、なかなかそのような現象を受け入れがたいのですが、それは私たちのマインド・セットから逸脱しているだけです。人はしばしば自分の世界観によって自分を束縛し、葛藤や苦悩に陥るのです。全宇宙を創造された霊的領域に現存される神は今日もなお、この物理的時空間に介入されるのです。

では、どのようにしてこのような神の介入を経験できるのでしょうか。

おそらく不治の病に侵された時など、医学が発達した現代でも病で命を落とされる方もいますが、そうした方も希望を捨てるには及びません(注)。神には不可能はないのです。

(注) 信仰と医学は対立・競合しません。医学などのサイエンスは「一般恩恵」と言われ、信仰の有無によらず、誰でもそのメリットを享受できます。一方、信仰によるメリットは「特別恩恵」と言われます。

でも信心に励まなくてはその御利益にも与れないと考えるむきもあるでしょう。もちろん鍵は信仰ですが、聖書で言う信仰は、日本語で考えるような〝信仰〟あるいは信心とは異なります。日本的世界観に基づいて、たとえば強く念じるとか、難行苦行をしたり、お題目を一心に唱えたり、功徳を積むといった自分の努力はいっさい不要です。聖書で言う信仰は実に単純です。それは一方的な神の恵みです。

ただし、人間がどのように造られており、私たちの魂（精神）がどのように機能するか、さらに霊の働きについて、基本的な知識が必要です。特に魂の重要な機能である、知性＝マインドが自由にされる必要があるのです。その中に作り込まれた先入観や世界観が、一度聖書の御言葉に従って新たにされる必要があります。これをマインドのトランスフォーメーションと言いますが、このポータルではこの点について詳細に説明したいと思います。

◆人の構成――霊・魂・体

繰り返しますが人の創造について、創世記にはこうあります。

人の構成図

主なる神は、土（アダマ）**の塵で人**（アダム）**を形づくり、その鼻に命の息を吹き入れられた。人はこうして生きる魂**（原語）**となった。**

―創世記2章7節（新共同訳）

命（複数形）の息（ヘブル語neshawmaw）とは霊のことです。要するに人は図のように、霊（Spirit）・魂（Soul）・体（Body）からなります。

魂はいわゆる精神のことで、知性・感情・意志からなります。魂にはフロイトが言うとおり、意識される領域と無意識の領域があります。また魂は肉体の一部である大脳と同期してその機能を発揮しています（つまり聖書的には二元論の立場を取ります）。アダムが罪を犯す以前には霊が生きており、神との交わりを得ることができました。神を知る、あるいは感知するのは霊によるのです。イエスは言います。

神は霊であるから、礼拝をする者も、霊と真理（原語）**とをもって礼拝すべきである。**

－ヨハネ福音書４章24節

私たちの体には、光は目で、音は耳で感知するように、それぞれの対象に応じて感覚器官が備えられています。これがいわゆる五感です。私たちが世界を知覚し、認識するのは五感によります。しかし視覚を失った人は光を知覚することはできません。光は存在しても、その人の主観においては認識できないのです。光などを感知することを聖書的には内的に「実体化する」と言いますが、感覚器官をとおして物理的実体（サブスタンス）を主観的に経験するのです。

神は霊です。よって五感によっては感知できません。また魂の機能である知・情・意によってもできません。それは神が吹き込まれた私たちの霊によるしかないのですが、生まれながらの人は罪のために霊が死んでいます。

さてあなたがたは、先には自分の罪過と罪とによって死んでいた者であって……

―エペソ書2章1節

この「死」は肉体的な死ではありません。霊の死を意味します。ゆえに神を感知し、認めることができないのです。特に現代人は知性によって神の存在を議論しますが、それは不毛な努力です。霊なる神を感知し、知るためには、死んでいた霊が再度活かされる必要があるのです。盲人の視覚が再生されれば光を直接に感知することができ、もはや議論は不要になるのと同じです。

◆魂の構成――知・情・意

繰り返しますが、魂とは英語では〝Soul〟、ギリシャ語では〝Psuche〟です。それは心理学（Psychology）の語源であり、普通にいう精神のことです。私たちの精神は思いあるいは知性（mind）、感情（emotion）、意志（will）から構成されることは誰もが知っているでしょう。ここではこの三つの働きについてまとめておきます。

知性の働き――モデルの構成

知性は大脳皮質で営まれますが、私たちが世界と関わり、現実を把握し、論理的に思考し、計算するなどの働きをします。人間は大脳皮質を高度に発達させて、特に知性を誇る動物と言えます。自然科学は隆盛をきわめ、iPS細胞をはじめ、DNA組み換えや、生命誕生もコントロールできるようになりつつあります。聖書では善悪を知る知識の木の実を食べたためとしています。ダニエル書でも終わりの日の知識の爆発的増大が予言されています（ダニエル書12章4節）。

この生命も含めた自然界を偶然の産物と見るのが現代日本人のほとんどの立場でしょう。自然法則に従って万物は存在するに至り、生命もDNAの偶然の変異によって進化したとするのです。ただサイエンティストとして一つ指摘しておきますと、なぜ自然界がそのような精緻な法則を備え、進化を誘導できるのか、自然科学の体系の中では答えられません。そもそも自然科学は「HOW（いかに）」を記述するだけであり、「WHY（なぜ）」には答えられないのです。

私たちは創造主《クリエイター》がおられ、そのスーパーナチュラルな存在が創造したと信じています。根拠は、信仰によります。自然科学と同様に「なぜ」には答えられません。

いずれにしろ私たちはそれぞれ世界の成り立ちの模型を構築しているのです。これを内的世界モデルとかブリーフ・システム、あるいはパラダイムと呼びます。これがそれぞれの人生観とか価値観になるのです。生まれてこの方、生きている間に経験した事件や事象により、自然とそのような世界観を築き上げます。自閉症では世界の意味付けができず、認知症では世界のモデルが崩壊してしまうのです。自然科学ではこの世界観を数式などにより精緻に記述します。

人はこの内的モデルあるいはブリーフ・システムに沿う現象に対しては安心感を覚えるのですが、それから逸脱することに対しては不安を覚える傾向があります。たとえば、手にしたものを放したら、いきなり飛び上がったとすると、これはかなりショッキングな出来事でしょう。しかし物理学ですら、これまでの体系から逸脱する現象はまだまだ発見されているのです。

聖書に記載されている事件やイエスとその弟子たちのわざは、まさに逸脱現象ばかりです。それは後で述べる、五感で感知できる世界とは異なる世界が介入しているからです。

そもそも神（God）自身がスーパーナチュラルな存在です。その神は自分の知性によっては認められないと聖書は言います。

この世は、自分の知恵によって神を認めるに至らなかった。それは、神の知恵にかなっている。そこで神は、宣教の愚かさによって、信じる者を救うこととされたのである。

―第一コリント書1章21節

自分の世界観あるいはブリーフ・システムから逸脱するからとして、聖書の記述を迷信とか、妄想や幻想と結論することは時期尚早です。神は知を誇る人類に対して、あえてそのような愚かに見える方法を取られたのです。ではどうやって神を知るのでしょうか？ここで「自分の知恵によっては」とある点に注意してください。神を知る、つまり信仰を得るためには霊とマインドの再構成がきわめて重要になります。

感情の働き――状況への反応

人間は理性の動物ですが、同時に感情によって動く動物です。感情が人間を支配することは、頻発するもろもろの事件を見てもわかるでしょう。感情はしばしば、外界の刺激によって影響されます。私たちは瞬間瞬間、置かれた環境あるいは状況において、絶えず反応しているのです。

また感情は知性によっても大きく影響されます。ある事態が起きたとき、知性がそれをネガティブに捉えれば、感情は不安や恐れで動揺するでしょう。ポジティブに捉えられれば、感情は平穏でいられます。このときの感情の反応は「自分で事態をコントロールできるか否か」によるのです。人は自分でコントロールできる限り、平静を保つことができます。コントロールを失うとき、あるいはその予期感があるとき不安や緊張を生むのです。

感情は人間の体にとっても大きな影響を与えます。いわゆる「病は気から」と言われるとおり、感情あるいは情緒によって体の疾患が生み出されます。こういった疾患を扱う領域を精神身体医学（Psycho-Somatic Medicine）といいます。日本でも「心療内科」などが有名です。

意志の働き——状況へのアクション

感情の変化あるいは動揺は、私たちの意志決定に影響を及ぼします。もちろん理性的判断も行うのですが、しばしば私たちは感情的に意志判断をすることがあります。

私たちは通常、五感を通して外界の情報を得ます。このインプットされた情報に対して、自分の内的なモデル、パラダイムあるいはブリーフ・システムに従って評価（アセスメント）と判断を行います。ところがしばしば認知の歪みが入るのですが、これに基づいて最終的に意志決定をし、行動がアウトプットされるのです。このようなモデルを行動学的モデルと言います。

大切な点は、霊が機能していない場合、外界の情報は五感を通してのみもたらされることです。状況を判断し、アセスメントする情報が五つのチャンネルからしか得られません。では、信じる者の場合はどうなのでしょうか？　情報がはるかに豊かになるのです。よって価値観も、意志決定のあり方も、その結果である行動も、普通の人とは大きく異なるものとなります。

◆霊と魂の場——オーラを醸し出す源

電波は電場と磁場の相互作用による波動です。目には見えない場と呼ばれる物理的存在があるのです。重力や素粒子などにも場が存在し、「場の理論」によるとその振動です。実は私たちの霊や魂もこのような場を生み出しているのです。例えば、初対面なのになぜか親しみを覚えたり、逆に反発を感じたりするのは、互いの場の相互作用によります。磁石のように引き合ったり反発したりするのです。気配とか殺気とかもこの霊と魂の場の働きです。これはパラサイコロジーの領域です。

フロイトが指摘したように、魂は意識される領域と無意識の領域からなります。無意識には感情と観念が複合したコンプレックス（感情観念複合体）が潜伏し、意識に影響を与えます。さらに聖書的には、恐れの霊、嫉妬の霊、怒りの霊、憎しみの霊といった霊が複合するのです。聖書では「要塞」と呼びますが、私は「霊感情観念複合体」と言っています。これはエネルギー（フロイト的にはリビドーですが、聖書的には霊的エネルギーも含みます）の集積体で、絶えず私たちの意識に不安とか緊張感、さらには神経症や精神病の諸症状を生み出します。統合失調症の患者さんはプレコックス感という独特の雰囲気を醸しますが、正常な人でもそれぞれのオーラというか、個性的雰囲気を醸すようになります。これが霊と魂の場です。

◆リアリティーは大脳が作り出したもの

色即是空――クオリアの不思議

最近になってようやく意識がサイエンスの対象となってきました。意識はいかにして生まれるのか。大脳と精神の関係はどうなっているのか。現代脳科学では「心脳問題」と言われます。『唯脳論』の養老孟司氏の言うとおり、精神は大脳の機能に過ぎないのであれば、大脳は複雑なニューロンネットワークの電気信号とシナプスの神経伝達物質の働きで作動するのだから、精神も物理化学的現象に過ぎないことになります。このような立場は一元論と言われます。

対してデカルト、脳外科医のペンフィールズや神経生理学のエックルズのように、大脳

（ハード）と精神（ソフト）は別物であって、共に同期しつつ作動しているとする立場があります。これを二元論と言います。さらに物理学のペンローズは二つの中間的な「量子脳理論」を提唱しています。

ここで不思議なことがあります。いわゆる「色」はどのようにして意識されるのでしょうか。光の実体は電磁波であり、振動数の違いがあるだけです。それが「色」として感じられるわけです。実は「色」は大脳が作り出したリアリティーなのです。一般的に大脳が作り出す質感をクオリアと呼んでいます。クオリアはどのようにして生み出されるのでしょうか。未だに解かれていません。仏教では「色即是空」と言いますが、これなどはクオリアを指摘していると見ることができるでしょう。

3D映像なども両目の視差を利用して作られるのですが、大脳はどのように処理しているのでしょうか。映画館の3D映像はまさしく大脳が作り出したリアリティーなのです。私たちが生きているこの物理的時空間において、私たちがリアリティーと感じているものは、実は大脳が作り出しているのです。

このようにして人間は外界の像を自分の内側に構築していきます。そして世の中はこのようにしてできているとか、人生はこんなものだとか、さらに自分はこれこれだとか、いわゆる価値観や人生観も含めて、それぞれが内的なモデル（模型）を作るのです。社会心理学的にはブリーフ・システムと言います。これがもっとも精緻になされるのが物理学です。たとえば重力の働き方を数式（万有引力の法則）で表現しますが、これは物理モデルと言われます。このとき、ちょっとでも数式にミスがあるとロケットなどを飛ばすことはできません。同じように、世界のモデルに歪みが入ったりすると、その人の言動も常識からズレたりします。これがしばしば人格障害の原因になります。

もっと考えを進めますと、目に入った光を網膜で電気信号に変換して大脳の視覚野に送ります。そこでまた信号が処理されて現実世界の「映像」が見えるのですが、それを見ているのは誰なのでしょうか？　今、この本を読んでいる「あなた」はいったいどこに存在するのでしょうか？　大脳皮質のどこに、どのような形で意識が存在して、「私」という自意識を生み出すのでしょうか？　そもそも脳は自分自身を理解できるのでしょうか？

大脳は現実と幻想を区別できない

統合失調症（精神分裂病）の患者さんの症状に、幻覚や妄想がよく見られます。これを陽性症状と言いますが、ないはずのものが見えたり、聞こえたりするわけです。大脳の中のドーパミンという神経伝達物質が過剰あるいは過活動で生じるとする説が有力です。つまり外界の刺激を受けなくても、勝手にニューロンのネットワークの中で信号が流れて、幻覚や妄想を生み出すと言うのです。

では、正常な人ではどうかというと、外界からの刺激が五感を通して大脳に電気信号として伝達されて、大脳皮質で処理されて、視覚や聴覚などのクオリアが生まれるわけです。これが精神を大脳活動としてみる一元論での説明になります。ポイントは正常と病気の差は外界の刺激の有無に帰するわけですが、大脳自体にとってそれは本質ではありません。現実からの刺激によるにせよ、幻覚によるにせよ、大脳自身は何らかのリアリティーを作り出して、それを認識するのです。つまり大脳は現実と幻想を区別することはできません。今後、ヴァーチャルリアリティーの研究と技術が発達すれば、ますますその境界線は曖昧になるでしょう。例えば映画『マトリックス』も聖書の影響が見られますが、それをテーマにしています。

人によって異なるリアリティー

黒澤明監督の名作に『羅生門』があります。ある事件に巻き込まれた三人の人物がその事件について証言するのですが、三者三様に内容が異なっているのです。それぞれ自分にとって微妙に都合のいい証言になっているのですが、これが人間の心の働きです。心理学的には「認知の選択透過性」とか「記憶の歪み」と言われます。刑事事件の証言でも、しばしば誤った内容によって無実の人が損害を被ることがあります。

あるいはコップに水が半分入っている事実に対して、ある人は「もう半分しかない」と感じ、ある人は「まだ半分もある」と感じるでしょう。それぞれの内的モデルあるいは価値判断の基準に従って、その判断がなされ、感情がそれに反応するわけです。ですから、同じ状況に置かれても、ある人は希望を失いませんが、ある人は絶望してしまいます。

このようにリアリティーは大脳が作り出すものであり、人は大脳が作り出したそれを真実であると思い込んでいるわけです。そして一喜一憂して生きているのです。

現代の主流――自然科学的世界観

現代社会を生きる私たちの世界観あるいは世界モデルは、いわゆる自然科学によるものです。物理学がその最先端を行っていますが、数式によって精緻なモデルが作られています。生物学や医学にもそれなりの世界観やモデルがあります。たとえばガンでステージ４

と診断されると、五年生存率は一〇パーセントで、ほとんど助からないと判断されます。これはガンのステージごとの予後の統計モデルによる判断です。このように現代の私たちは自然科学の世界観、つまり自然科学に基づくリアリティーの中に住んでいるわけです。ちなみに、自然界がなぜ数学によって記述できるのか、これもサイエンス自体は答えられません。

ところがここで自然科学の方法論としてもっとも致命的な欠陥があります。つまり、これまで見たカラスはみな黒かった。ゆえに「カラスは黒い」と一般化してしまうのです。全世界のカラスを調べてもいないのに、白いカラスは存在しないと誰が言えるでしょう。このように個別の事例から一般則を導くことを帰納法と言います。自然科学の場合、すべてを調べていないので、不完全帰納法と言われます（なお、数学では完全帰納法が用いられます）。先のステージ4のガンの場合、寿命を全うするケースがないとは誰も言えないのです。生存率はあくまでも統計的操作によるのですが、統計学は限られたサンプルからできるだけバイアスのないであろう結果を導く一つの手続きに過ぎません。

ところが現代の私たちはこのような不完全帰納法に基づく世界観を科学的真理として絶対視する傾向があります。そしてそれに縛られているのです。だからガンと診断されることは恐ろしいことになります。おわかりでしょうか？　私たちが希望を持ったり絶望したりする根拠は、自分が採用している世界モデルによるのです。それを自分にとってのリアリティーとしてしまうからです。

要するに、大衆が同意する最大公約数的リアリティーが世の共通世界観（常識）とされ自分が同意するリアリティーが自分の個人的世界観となるのです。鍵は、あなたがどんなリアリティーに同意するかにあり、それがあなたを束縛もし、また自由にもするのです。

◆聖書啓示のリアリティー

物理的時空間と霊的世界

現代の自然科学的世界観からすると、五感によって感知される世界のみがリアリティーです。五感に感知されない物理的実在も、たとえば可視光線以外の電磁波などは、テレビやケータイなどにより、私たちの五感の領域に出現させることができます。現代人にとって、テレビやケータイは何の不思議もありません。五感に感知されない電磁波という物理的実在を―これを聖書的にはサブスタンスと言いますが―物理学の知識によって制御できるからです。現代物理学では「超弦理論」などにより究極の実在とその支配法則を追求しています。

このような五感によって知覚される世界を物理的世界と呼びます。これは空間と時間と物質（エネルギー）によって構成されています。それらの関係を記述するのが物理理論です。自然科学ではあくまでもその世界での現象を記述するのみで、霊的世界があるかないか、神がいるかいないか、などは問題意識に入れません。この世界はナチュラルな世界であり、聖書では「地」と呼びます。

対して聖書では霊的世界があることを啓示しています。この世界は時間と空間に束縛されていません。スーパーナチュラルな永遠の現在の世界と言えます。これを「天」と呼びます。

わたしたちは、見えるものにではなく、見えないものに目を注ぐ。見えるものは一時的であり、見えないものは永遠につづくのである。

―第二コリント書4章12節

そこでこの世界にタッチすれば、物理的時空間における二千年前の出来事が現在の私たちの経験となるのです。これが信仰の働きです。そもそも神は霊です。人にも霊がありま す。霊は物質で構成される体の五感では感知できません。霊は物質ではないからです。霊的領域は階層が分かれていますが、神、サタン、諸霊、悪霊、天使などの霊的存在がおります。すでに述べたようにサタンや諸霊や悪霊はこの空中に存在します。

同様にわたしたちも、未成年であったときは、世を支配する諸霊に奴隷として仕えていました。

—ガラテヤ書4章3節

現代人は認めたくないでしょうが、人は知らず知らずにこの諸霊の影響を受けて、考えたり、想像したり、意思決定したりしているのです。これらの霊的存在は人のマインドに影響を与えることができるのです。マインドは霊と魂の接点です。最近の理解不可能な殺人事件や、ISによる残虐な斬首処刑など、彼らのマインドが明らかに悪霊の影響によっていることがわかります。ちょうどイエスが天のポータルであるように、これらの事件の当事者は地獄のポータルとして機能しているのです。

またいわゆる「風が吹く」とか「その場の空気」といった表現のとおり、理性を超えて世の中がある方向に動くときがあります。もちろん社会病理的現象でもありますが、背後に世を支配する諸霊が働いています。人のマインドがどのように霊の影響を受けるかは、信仰生活ばかりでなく、社会生活においてもきわめて重要です。特に人の体に悪霊が入り込み、意志までも専有される状態がいわゆる悪霊憑きの状態です。イエスはこういった人々を解放して回りました。これは決して古代の現象ではなく、現代においても頻繁に見られる現象です。ただし現代精神医学的には、しばしば統合失調症とか解離性障害とされる傾向があります。

信仰とは霊的サブスタンスの実体化

ここで聖書の信仰の定義についてみましょう。ヘブル書11章1節によると、

さて、信仰とは、望んでいる事がらを確信し、まだ見ていない事実を確認することである（注）。

（口語訳）

（注）ここの「信仰」には定冠詞がありません。つまりクリスチャン信仰に限りません。

とあります。実はこの「確信」なる訳はあまり良くありません。古くから定評のあるKing James訳（KJV）にはこうあります。

Now faith is the **substance** of things hoped for, the evidence of things not seen.

もっと言いますと、信仰という訳もあまり良くありません。「信じて仰ぐ?」このように日本語の意味を入れてしまうと、日本語の世界の解釈や価値観が入り込み、本来の意味からずれてしまうのです。ギリシャ語では〝pistis〟でして、直訳しますと「信」と言うべきなのです。たとえば、池田博訳『新約聖書―新和訳』（幻冬舎ルネッサンス）でも「信」と訳されています。

さて、信とは願うことの実体であり、まだ見ていないことの立証である。
　　　　　　　　　　　　　　　　　　　　　　　　　　　　―私訳

実体とはサブスタンス（substance）。ギリシャ語では〝hupostasis〟で、権利証書、土台という意味もあります。霊的領域のサブスタンスを得て、それが物理的時空間に現出（立証）することが信仰（本書では通常通り信仰と書きます）であるというのです。信仰によって霊的領域のサブスタンスにタッチし、神が私たちのために用意されたサブスタンスをこの物理的時空間において自分の経験、すなわち五感で感知できる対象にすることができるのです（＝実体化）。このサブスタンスの中に、永遠のいのち、祝福、恵み、造り変え、癒し、奇跡、不思議などすべてが含まれているのです。私たちの祈りは神の御心あるいは神の信仰の領域にこれらのサブスタンスを生み出したり、タッチしたりするのです。

ちょうど子供が親に何かをねだる時に、親は子供にとって最善のものを願いつつ、また子供の願いも取り入れながら、親の心の中に与えるべきものが形成されていきます。これがサブスタンスです。そして時がくれば、実際にそれを与えるわけです。それはつねに子供にとって最善のものであるでしょう。いわんや、神をしてをや、です（マタイ福音書7章9－11節）。

御子イエスは神のサブスタンスの現れ

喩えてみると――江戸時代には労咳（結核）は不治の病でした。その宣告はただちに死を意味しました。それが江戸人のリアリティーでした。彼らはしばしば護摩祈祷や厄払いを試みたり、信心に励んでお百度参りや滝行をしたり、どんなに頑張っても、どんなに厳しい修行をしても徒労に終わったのです。

そうした時代に、ひとりの人がいたとしましょう。彼は二〇世紀から江戸時代にワープした二〇世紀の人、未来人でした。彼には抗生物質がありました。彼は言います。「わたしの元に来てこれを飲みなさい。恐れないでただ信じなさい」。その言葉を信じて彼の元に来て飲んだ人は、理由は理解不能ですが、劇的な効果を得ます。

しかし漢方医は嫉妬と妬みで彼はインチキだと吹聴します。そうした噂を耳にした大衆は、種痘も牛の膿を塗ると牛になると信じる風潮にあり、抗生物質も拒絶しました。労咳が治るわけはないと。こうしてついに二〇世紀の人を殺したのです。

抗生物質は労咳の癒しのサブスタンス。それがあれば癒されたと分かります。しかし信仰は行いによって完成されます（ヤコブ書2章22節）。それを飲む必要があるのです。これで癒しが立証されるのです。このようにイエスも別の世界から来られた人です。

御子は神の栄光の輝きであり、神の本質の真の姿であって、その力ある言葉《レーマ》をもって万

物を保っておられる。

―ヘブル書1章3節

この「本質」と訳された単語もサブスタンスです。つまりイエスは霊的領域に存在される霊なる神の実体、サブスタンスがこの物理的時空間に現れ出た存在であると言うのです。霊なるサブスタンスが物理的肉体をまとった存在、これがイエスです。

見えない霊的実体が目に見えるこの時空間に現出すること。これはいわば神の信仰によってなされたと言えます。神は御子イエスとして、見えない霊なるロゴスというサブスタンスを、物理的肉体において現わされたのです。ヨハネは、こうも証言しています。

初めからあったもの、わたしたちが聞いたもの、目で見たもの、よく見て手でさわったもの、すなわち、いのち《ゾーエ》の言について――このいのちが現れたので、この永遠のいのちをわたしたちは見て、そのあかしをし、かつ、あなたがたに告げ知らせるのである。この永遠のいのちは、父と共にいましたが、今やわたしたちに現れたものである。

―第一ヨハネ書1章1―2節

目で見て、じっと見、手でさわったいのちの言《ロゴス》とあります。あえてこのように言っているのは、当時グノーシス思想があり、肉体は汚れたものであるから、神が肉体をとるはずがないと主張していたのです。彼らはイエスの肉体は仮現的なものであると言いました（仮現論）。これに対しヨハネはイエスの肉体の物理的実在性を主張したのです。霊的存在が物理的時空間に出現したのだと。霊的領域のサブスタンスがこの時空間に現出することを可能にするのはただ信仰によるのです。

世界は神の信仰と言葉により造られた

また、ヘブル書11章3節にはこうあります。

信仰によって、わたしたちは、この世界が神の言葉《レーマ》で造られたのであり、したがって、見えるものは現れているものから出てきたのでないことを、悟るのである。

この「世界」は複数形で、「時代」とも訳しえる時間の要素を含む単語であり、物理的時空間とその中で生じる万象を意味します。また、ここで「造られた」とある単語はＫＪ

Ｖでは〝framed〟とされています。

Through faith we understand that the worlds were **framed** by the word of God, so that things which are seen were not made of things which do appear.

これはちょうど、ＮＨＫのスタジオで制作されたテレビ番組（実体、サブスタンス）が、電波に乗って各家庭のテレビのディスプレイに現出する、つまりフレーム化されるのと似ています。電波は五感で感知できませんが、映像や音声として実体化されるのです。これが〝framed〟の意味です。素粒子が場の波動であるように、神の霊の場における波動、つまり神の言葉《レーマ》がこの世界を生み出し、御子は言葉《レーマ》によって今も支えていると聖書は啓示します（ヘブル書1章3節）。宇宙などはまさに神のフレームの中に存在するのです。

その響きは全地にあまねく、その言葉は世界のはてにまで及ぶ。

―詩編19篇4節

ここの「響き」とは〝qav〟、それはコード、つまり弦です。要するに神の振動だ。「言葉」は〝milleh〟、語り出された波動。宇宙には神の霊の波動、旋律が満ちているのです。

かくして信仰とは、願うことのサブスタンスを得て、それを物理的時空間に現出させることです。私たちの霊にはこのような機能があります。イエスご自身がそのようにして地上に現れた存在でした。繰り返しますが、創造もイエスの受肉も神の信仰による、と言ってもよいかもしれません。

創世記で神は「光よ、あれ」と語り出すことにより、光があるようになりました。次々に語り出すことにより創造のみわざをなされたのです。そしてイエスご自身も癒しなどのわざをなさる時、語ることにより行いました。中風で足の不自由な者に対して「起きて歩け」と命じ（マタイ福音書９章６節）、死んでいるラザロに対して「ラザロよ、出てきなさい」と命じたのです（ヨハネ福音書11章43節）。また嵐に対して「静まれ！」と命じました。これって実に不思議なことではないでしょうか？　歩けない人に歩け、死んでいる人に出てこいと命じる？　自然現象に命じる？　このように神の原理は、ないものをあるものとして呼ぶことです。モーセはこれに失敗したのです。信仰による言葉が発せられる時、霊的領域に作用し、物質的世界にもそのとおりの事が起きるのです。

彼はこの神、すなわち、死人を生かし、無から有を呼び出される神を信じたのである。

―ローマ書4章17節

このように万物は神の語り出された、呼び出す言葉によって造られました。この原則は生き物に名を付与する際のアダムにおいても継承されています。

このように信仰により語り出された言葉に、ある種の創造の力があることは重要です。それは単なる音声ではなく、サブスタンスを解放するのです。

語り出された神の言葉《レーマ》には、なんでも不可能なことはない。

―ルカ福音書1章37節（原語）

ゆえにイエスがペテロに対して水の上を歩いてきなさいと命じると、ペテロは水の上を歩けたのです。そしてイエスご自身、こう言われます。

わたしが父におり、父がわたしにおられることをあなたは信じないのか。わたしがあな

たがたに話している言葉《レーマ》は、自分から話しているのではない。父がわたしのうちにおられて、みわざをなさっているのである。……あなたがたが聞いている言《ロゴス》は、わたしの言ではなく、わたしをつかわされた父の言である。

―ヨハネ福音書14章10、24節（原語）

イエスは父なる神の言《ロゴス》を語り出したのです。それがわざをなしたのでした。つまり父のわざ、すなわち父のロゴスの実体化でした。これがイエスのわざの秘密だったのです。これは私たちにおいても同じ原理が働きます。自分が信じることを語り出すこと。聖書に書かれた言《ロゴス》を自分に対して、また他人に対して語り出すこと。するとそのとおりになるのです。

イエスは答えて言われた。「神の信仰を持ちなさい（原語）。まことに、あなたがたに告げます。だれでも、この山に向かって、『動いて、海にはいれ』と言って、心の中で疑わず、ただ、自分の言ったとおりになると信じるなら、そのとおりになります。だからあなたがたに言うのです。祈って求めるものは何でも、すでに受けたと信じなさい。そうすれば、そのとおりになります。……」

―マルコ福音書11章22―24節（新改訳）

ここに「神の信仰」とあります。実は、私たちという個々の存在とその人生も、神の信仰の書にすでに書かれているのです。

あなたの目は、まだできあがらないわたしのからだを見られた。わたしのためにつくられたわがよわいの日のまだ一日もなかったとき、その日はことごとくあなたの書にしるされた。

―詩篇139篇16節

この「からだ」と訳された単語は、KJVでは「サブスタンス」です。肉体のみでなく、私という存在の実質、実体、本質です。神はすでに私のすべてをご自身の信仰によって透視され、ご自分の書にすべてをしるしてくださっているのです。そのサブスタンスが物理的時空間の中で時系列的に一つ一つ成就するのです。が、神から離れているとき、これを逸脱し、自分勝手な現実に生きることになります。いずれにせよ、これが私たちが個人的に経験するいわゆる人生です。

覚えてください、神は善です。私たちの最善を考えてくださっているお方。だから「神の信仰を持つ」とき、そのサブスタンスが自分の経験となり、平安と安息にあって人生を享受することができるのです。私たちはこの世界の時系列の中で、神の信仰に従って造られ、形作られ、完成されるのです。永遠の霊的世界の神の信仰にあっては、すでに成就しているのです。それを実体化するのが、私たちの信仰です。

彼らは皆、わたしの名によって呼ばれる者。わたしの栄光のために創造し、形づくり、完成した者。

―イザヤ書43章7節（新共同訳）

（注）この聖句の三つの動詞はそれぞれ、〝bara〟、〝yatsar〟、〝asah〟です。〝bara〟は英語では〝create〟、無から有を生み出すこと：〝yatsar〟は英語では〝form〟、創世記2章7節で人が土から「形つくられた」とあるように練り上げる的な意味：最後の〝asah〟は英語では〝make〟、すでにある素材から何かを作り完成させる意味です。この聖句には、したがって、神の信仰のすべての成就が啓示されています。それは陶器師がイメージ通りに作品を作り上げたときのような神の最高の満足を生むのです。

▼ポータル5：スーパーナチュラルを経験する鍵
――人の霊

先に創世記で人の創造される過程を述べました。大切なのは神によってその息吹である霊を吹き込まれて生きる魂となったことです。**人には霊がある**。この事実は本書の最重要点です。

託宣、イスラエルについての主の言葉。すなわち天をのべ、地の基をすえ、人の霊をその中に造られた主は、こう仰せられる
—ゼカリヤ書12章1節

霊である神と交流あるいは交信するためには、霊を用いる必要があるのです。

神は霊であるから、礼拝をする者も、霊と真理（原語）**とをもって礼拝すべきである。**
—ヨハネ福音書4章24節

「霊」って、いったいなんでしょうか？　人の霊ってどこにあるのでしょうか？　聖書の説く霊とは、いわゆるオカルトなどの霊とはどう違うのでしょうか？　霊的現象などは本当に存在するのでしょうか？　これらの疑問に対しても、聖書は回答を与えているのです。

◆霊は罪により死んでいる──霊的真空

主なる神は土のちりで人を造り、命の息をその鼻に吹きいれられた。そこで人は生きる魂（原語）となった。

─創世記2章7節

この命の息とは、霊のことです。人は当初、神の息を吹き込まれて、霊が生きておりました。土のちりから構成された体と霊との相互作用により、生きる魂となったのです。繰り返しますが、物理的存在と霊とが相互作用し得ることはとても重要です。

しかしながら、アダムは罪を犯したために霊的に死にました。アダムにある私たちも同じ状態で母の胎から生まれます。生まれたくて生まれるわけでもなく、親を選ぶわけでもなく、アダムの罪を背負わされて生まれる。なんと不条理でしょうか。

当初は大脳のネットワークも未発達で、幸いな日々を過ごすのですが、現実との接触を通して、ネットワークが構築されて、ある日、自意識に目覚めます。この自意識がけっこう厄介なもので、これが苦悩や葛藤を生み出すわけです。アダムとエバの失楽園が個人的に再現されるのです。そこで人は自分の肉体と魂（知・情・意）を用いて、この世をサバイバルする努力をします。頼りになるのは最後は自分だけだと……。しかし下手をすると消耗し、うつ病などの精神疾患にも陥ります。このような神から切り離された人間の実存的あり方や生き方を聖書では**肉**（flesh）と呼びます。それは肉体のことだけを指すのではありませんので、注意してください。

このときに私たちの肉体の一部である大脳には、神経細胞の複雑なネットワークあるいは電流の流れるパターンが組まれているのです（条件付け）。これはすべて神を知る以前に刷り込まれた価値観や情緒反応と判断・行動のパターンです。人は魂的にも肉体的にも独立独歩したい性向があり、私たちが神の霊を拒んで独立して生きるとき、これも肉を構成します。善悪知識の木の実を取って食べたことにより、神の干渉を受けることも拒むほどに、人類は魂を肥大化しました。この神から離れた肉体と魂のあり方がまさにパウロの言う肉に他なりません。

しかし人は努力しても何か虚しさを覚えます。あのソロモンが告白したように、むしろ、地位や名誉や富を得るほどに、内的な虚しさが募るのです。

伝道者は言う、空の空、空の空、いっさいは空である。
日の下で人が労するすべての労苦は、その身になんの益があるか。

――伝道の書1章2-3節

不思議なことです。これで成功したミュージシャンなどがドラッグに手を出したりします。そうです、ポッカリと空いた空洞が人の中心にあることがわかります。物質的な所有や肉的な快楽などでは埋めることができません。それを**霊的真空**と呼びます。

つまりアダムの罪によって霊が死んでいるために、人間は内側にブラックホールを抱え、ここに色々なものを吸収するのです。諸宗教やオカルトあるいはオウム真理教のようなカルトも、です。知性の高い人々がなぜ惹きつけられるのでしょうか。霊的真空があるためです。偉大な数学者パスカルも「人間にはイエスによってしか埋めることのできない空洞がある」と告白します。スピリチュアルブームなどもこれが原因です。

聖書的にはこの空洞を埋めることができるのは神の霊、聖霊のみです。しかし、アダムの罪のために神と人の間に深い溝が横たわっております。

そこで主は言われた、「わたしの霊はながく人の中にとどまらない。彼は肉にすぎないのだ。……」。

—創世記6章3節

ここでどうしても罪の問題を解決する必要があるのです。

◆罪の問題はすでに解決している

すでに述べたように、イエスが十字架で罪の障碍を処理してくださいました。神と人を隔てていたもろもろの罪の問題は、すでに処理済みであることをまず覚えてください。罪を犯さないようにとか、罪を犯したら神に裁かれるとか、ビクビクする必要はないのです。自分の努力で頑張る必要もありません。私たちの過去・現在・未来のもろもろの罪はすでにキリストが十字架で完全に裁き、処理してくださっているのです！

神は、わたしたちを責めて不利におとしいれる証書を、その規定もろともぬり消し、これを取り除いて、十字架につけてしまわれた。

―コロサイ書2章14節

あまりにも都合の良い話ですが、これが神のスーパーナチュラルな愛によるギフトです。ギフトとは無代価でいただけるものです。信じる者はそのギフトをいただけるのです。このとき、私たちは神の前で、あたかも一切罪を犯したことがない者として見ていただけます。

主は言われる、さあ、われわれは互に論じよう。たといあなたがたの罪は緋のようであっても、雪のように白くなるのだ。紅のように赤くても、羊の毛のようになるのだ。

―イザヤ書1章8節

これはイエスが受けられた十字架の苦しみの故です。すでにBC七〇〇年頃にイザヤは次のように預言しています。

まことに彼はわれわれの病を負い、われわれの悲しみをになった。しかるに、われわれは思った、彼は打たれ、神にたたかれ、苦しめられたのだと。

しかし彼はわれわれのとがのために傷つけられ、われわれの不義のために砕かれたのだ。彼はみずから懲らしめをうけて、われわれに平安を与え、その打たれた傷によって、われわれはいやされたのだ。

われわれはみな羊のように迷って、おのおの自分の道に向かって行った。主はわれわれすべての者の不義を、彼の上におかれた。

……

しかも彼を砕くことは主のみ旨であり、主は彼を悩まされた。彼が自分を、とがの供え物となすとき、その子孫を見ることができ、その命をながくすることができる。かつ主のみ旨が彼の手によって栄える。

彼は自分の魂の苦しみにより光を見て満足する。義なるわがしもべはその知識によって、多くの人を義とし、また彼らの不義を負う。

それゆえ、わたしは彼に大いなる者と共に物を分かち取らせる。彼は強い者と共に獲物を分かち取る。これは彼が死にいたるまで、自分の魂をそそぎだし、とがある者と共に数

えられたからである。しかも彼は多くの人の罪を負い、とがある者のためにとりなしをした。

—イザヤ書53章4—12節

あなたがどのように深刻な罪を犯したことがあるにしても、悔い改めて信じ、イエスを救い主として受け入れるならば、完全に赦されるのです。否、すでに赦しの効果（サブスタンス）は発生しているので、安心して罪を告白して、赦しを受けることができるのです。

もし、わたしたちが自分の罪を告白するならば、神は真実で正しいかたであるから、その罪をゆるし、すべての不義からわたしたちをきよめて下さる。—第一ヨハネ書1章9節

かくして信じる者は義、すなわち神の前で罪を犯していない状態とされるのです。ちなみに「義」という漢字は、「我」の上に「羊」と書きますが、まことにイエスは世の罪を取り除く小羊であり、我が羊に服するとき義とされるのです！　楽園追放の際アダムとエバが着せられた皮はキリストです。義とはキリストを着ることなのです（ガラテヤ書3章27節）。

◆スーパーナチュラルな霊の再生――アクティベーション

先に述べたように、神は霊ですから、神を知るには罪によって死んでいた霊が生かされる必要があります。何をすればよいのでしょうか？　人間には何もできません。これはスーパーナチュラルな現象であり、神のみがおできになります。イエスはユダヤ教の教師ニコデモとの会話においてこう言われます。

イエスは答えて言われた、「よくよくあなたに言っておく。だれでも新しく生れなければ、神の国を見ることはできない」。

ニコデモは言った、「人は年をとってから生れることが、どうしてできますか。もう一度、母の胎にはいって生れることができましょうか」。

イエスは答えられた、「よくよくあなたに言っておく。だれでも、水と霊とから生れなければ、神の国にはいることはできない。

肉から生まれる者は肉であり、霊から生まれる者は霊である。あなたがたは新しく生まれなければならないと、わたしが言ったからとて、不思議に思うには及ばない。風は思いのままに吹く。あなたはその音を聞くが、それがどこからきて、どこへ行くかは知らない。霊から生まれる者もみな、それと同じである」。

―ヨハネ福音書3章3－8節

霊から生まれる者は霊である。新しく生まれるとは、ニコデモのマインドに去来した母の胎に戻って生まれ直すことではないのです。生まれながらのマインドにとってはとても考えつかないスーパーナチュラルな現象、**霊の再生**を意味します。これを英語ではボーン・アゲイン（Born Again）と言います。

霊から生まれるとは、神の聖霊によってなされるスーパーナチュラルな霊的現象であり、これもただ信仰によります。ただイエスを自分の罪のための贖い主として信じ、受け入れるのです。

では、なんと言っているか。「言葉はあなたの近くにある。あなたの口にあり、心にある」。この言葉とは、わたしたちが宣べ伝えている信仰の言葉である。

すなわち、自分の口で、イエスは主であると告白し、自分の心で、神が死人の中からイエスをよみがえらせたと信じるなら、あなたは救われる。

なぜなら、人は心に信じて義とされ、口で告白して救われるからである。

聖書は、「すべて彼を信じる者は、失望に終ることがない」と言っている。

ユダヤ人とギリシヤ人との差別はない。同一の主が万民の主であって、彼を呼び求めるすべての人を豊かに恵んで下さるからである。

なぜなら、「主の御名を呼び求める者は、すべて救われる」とあるからである。

―ローマ書10章8―13節

ここで霊のアクティベーションを願う人は、次の祈りを声に出して祈ってみてください。救いは単純です。なお、何かを感じる・感じないは今のところ気にしないでください。

イエス様、私はこれまでアダムにあってもろもろの罪を犯してきました。今、あなたがすでにそれを十字架で裁き、終わらせてくださったことを知り、あなたの救いを受けることを願います。私の主として私のうちに入ってきてください。私の霊を聖霊によって再生してください。新しくキリストにあって永遠のいのちを得て、神を知ることを願います。イエスのお名前によってお祈りします。アーメン。(注)

(注)「アーメン」とはヘブル語で「同意する・そのとおりになれかし」という意味です。

◆スーパーナチュラルな新創造――第二のアダムの誕生

神はイエスに私たちのすべての罪を負わせて、十字架につけ、それらを裁きました。ですから私たちは過去・現在・未来のすべての罪から自由とされています。信じる私たちは神の法廷で「ノット・ギルティー」です。しかも神はこのような私たちが犯したあるいは犯すであろう行為や心の中の悪い考えなどとしてのもろもろの罪（sins）を処理されただけではありません。もっと徹底的な救いの道を用意してくださいました。

アダムが罪を犯した時、罪（Sin）が人類に入ったと聖書は言っています。

このようなわけで、ひとりの人によって、罪がこの世にはいり、また罪によって死がはいってきたように、こうして、すべての人が罪を犯したので、死が全人類にはいり込んだのである。

―ローマ書5章12節

よくこの罪を原罪と言いますが、これはアダム以降、人の体の中に継承されています。その実体は不明ですが、経験的にその存在はわかります。

パウロはこう言います。

わたしは自分のしていることが、わからない。なぜなら、わたしは自分の欲する事は行わず、かえって自分の憎む事をしているからである。もし、自分の欲しない事をしているとすれば、わたしは律法が良いものであることを承認していることになる。そこで、この事をしているのは、もはやわたしではなく、わたしの内に宿っている罪である。……そこで、善をしようと欲しているわたしに、悪がはいり込んでいるという法則があるのを見る。……すなわち、わたしは、内なる人としては神の律法を喜んでいるが、わたしの肢体には別の法則（原語）があって、わたしの思い（原語）の法則に対して戦いを

いどみ、そして、肢体に存在する罪の法則の中に、わたしをとりこにしているのを見る。

―ローマ書7章15‐17節

私の肢体、つまり体の中に**罪**（Sin）**の法則**《ノモス》が宿っていると言うのです。これが**神の律法**《ノモス》を守りたいという**思いの法則**《ノモス》に逆らって衝動や欲動を生じさせ、私がそれに従うとき、私の体をしてもろもろの行為としての罪（sins）を犯させるのです。アダムにあって生まれた私はこの罪の誘惑に打ち勝てません。奴隷にされているのです。これを「**古い人**」とパウロは呼びます。神はこの古い人を強めて罪に打ち勝たすという方法は採られません。むしろ逆に、この古い人をキリストと共に十字架につけてしまったのです。

わたしたちは、この事を知っている。わたしたちの内の古き人はキリストと共に十字架につけられた。それは、この罪のからだが無能となり（原語）**、わたしたちがもはや、罪の奴隷となることがないためである。それは、すでに死んだ者は、罪から解放されているからである。**

―ローマ書6章6‐7節

おわかりでしょうか。古い人は決して罪に打ち勝てません。そこでその存在を抹殺したのです。

しかし話はここで終わりません。私たちはキリストと共に復活したとあります。

すなわち、わたしたちは、その死にあずかるバプテスマによって、彼と共に葬られたのである。それは、キリストが父の栄光によって、死人の中からよみがえらされたように、わたしたちもまた、新しいいのちに生きるためである。もしわたしたちが、彼に結びついてその死の様にひとしくなるなら、さらに、彼の復活の様にもひとしくなるであろう。

―ローマ書6章4―5節

この新しいいのちとは、復活したキリストの霊のいのちであり、**永遠のいのち**(＝ゾーエ、Zoe)とも呼ばれます。このいのちを吹き込まれた新しい存在がクリスチャンです。

イエスは言われます、

わたしが来たのは、羊が命《ゾーエ》を受けるため、しかも豊かに受けるためである。

—ヨハネ福音書10章10節（新共同訳）

実際、復活後に、

その日、すなわち、一週の初めの日の夕方、弟子たちはユダヤ人をおそれて、自分たちのおる所の戸をみなしめていると、イエスがはいってきて、彼らの中に立ち、「安かれ」と言われた。そう言って、手とわきとを、彼らにお見せになった。弟子たちは主を見て喜んだ。

イエスはまた彼らに言われた、「安かれ。父がわたしをおつかわしになったように、わたしもまたあなたがたをつかわす」。

そう言って、彼らに息を吹きかけて仰せになった、「聖霊を受けよ。あなたがたがゆるす罪は、だれの罪でもゆるされ、あなたがたがゆるさずにおく罪は、そのまま残るであろう」。

—ヨハネ福音書20章19–23節

と弟子たちに息を吹きかけました。これは最初のアダムが神の息を吹き込まれて生きるようにされたのと同様に、第二のアダムはキリストの息を吹きかけられ生きるようにされるのです。これは十字架以前には存在していなかった新しい創造（New Creature）です。神は彼らにキリストの息吹、すなわち聖霊を吹き込まれて新しい人類《ネオ・ホモサピエンス》を生み出したのです！（注）

だれでもキリストにあるならば、その人は新しく造られた者である。古いものは過ぎ去った、見よ、すべてが新しくなったのである。

―第二コリント書5章17節

割礼を受けているか受けていないかは、大事なことではありません。大事なのは新しい創造です。

―ガラテヤ書6章15節（新改訳）

キリストのいのちを吹き込まれたこの**新しい創造**がエクレシアに他なりません。この点、「教会」という訳語は不適です。人々の集合体でありますが、神の目から見ると「**ひとりの新しい人**」なのです。パウロはキリストの御体と呼び、ひとりひとりはその器官であると説明しています。

（注）最近の研究でトラウマの経験が遺伝子レベルで継承される結果が出ています。人類の最も悲惨なトラウマは神から切り離されたこと。そのアダムの罪は人類に遺伝子レベルで継承されているのです。しかしキリストは信じる者に祝福された義の遺伝子を下さるのです。

からだが一つであっても肢体は多くあり、また、からだのすべての肢体が多くあっても、からだは一つであるように、キリストの場合も同様である。なぜなら、わたしたちは皆、ユダヤ人もギリシヤ人も、奴隷も自由人も、一つの御霊によって、一つのからだとなるようにバプテスマを受け、そして皆一つの御霊を飲んだからである。

―第一コリント書12章12－13節

アダム族とキリスト族

ここまでをまとめますと、アダムにあって生まれた古い私は、罪に打ち勝つことができません。そこで十字架でキリストが死なれた時、キリストのうちに置かれた古い人も死にました。キリストが復活した時、罪とサタンと死に打ち勝ったキリストの復活のいのちを吹き込み、キリストにある新しい私が新しく創造されました。十字架は私たちのもろもろの罪を処理するだけでなく、罪の奴隷であったアダムにある私から、罪に打ち勝てるキリストにある新しい私を生み出したのです。

つまり、家系の生まれ変わりを行ったのです。十字架以前にはアダム族の人間だけでしたが、十字架後にはそれまで存在していなかったキリスト族が誕生したのです。クリスチャンとは新しい人類《ネオ・ホモサピエンス》なのです！　このゆえに聖書はイエスのことを「最後のアダム」と呼び、また「第二の人」あるいは「復活の初穂」と呼びます。アダム族を終わらせ、第二の人類を生み出したからです。これはキリスト族と呼べるでしょう。

聖書に「最初の人アダムは生きた魂（原語）となった」と書いてあるとおりである。しかし最後のアダムは命を与える霊となった。最初にあったのは、霊のものではなく肉のものであって、その後に霊のものが来るのである。第一の人は地から出て土に属し、第二の人は天から来る。この土に属する人に、土に属している人々は等しく、この天に属する人に、天に属している人々は等しいのである。

―第一コリント書15章45―48節

なんと生まれながらの私たちのマインドを超えていることでしょうか？　まことにスー

パーナチュラルなことです。二千年前に起きた事件の中に今の私が含まれており、キリストと共に死んで、復活した!? そして新しい創造物、新しい人類とされた!? これが聖書に書かれている神の法、啓示なのです。これは「**包括の原理**」によります。生まれながらの私たちのマインドによる世界モデルやマインド・セットをはるかに超えることを、全能なる神はしてくださったのです。これは感覚的に納得することはできなくても、聖書に書いてあるので信じるだけです。

数々の規定から成っている戒めの律法を廃棄したのである。それは、彼にあって、二つのもの（＝ユダヤ人と異邦人）**をひとりの新しい人に造りかえて平和をきたらせ……**

－エペソ書2章15節

このキリストの死と復活によって生み出された新人類が有する特権と能力は、アダムのそれらよりもはるかに優れたものがあるのです。アダムもある種の神的な権威と能力を神から付与されていましたが、キリストに属する者はもっと素晴らしい権威と能力を得ているのです。キリストと共に天に座している存在だからです。（エペソ書2章6節）。

さらに旧い創造であるアダム族は**罪と死の法則**により支配されていましたが、新しい創造であるキリスト族は**いのちの御霊の法則**により罪と死から解放されるのです。この新しい法則《ノモス》に従うとき、モーセ律法《ノモス》は自動的に満たされます。つまり従うべき法則も変更され、別の次元に生きる存在なのです。

こういうわけで、今やキリスト・イエスにある者は罪に定められることがない。なぜなら、キリスト・イエスにあるいのち《ゾーエ》の御霊の法則は、罪と死との法則からあなたを解放したからである。

これは律法の要求が、肉によらず霊によって歩くわたしたちにおいて、満たされるためである。

―ローマ書8章2、4節

キリストの十字架とは、罪の裁きというネガティブな面だけにとどまらず、**新しい創造**を生み出すという、全宇宙の歴史の転換点であったのです。**New Creature**です！　なんだかハリウッドのＳＦ映画みたいになってきましたね。でも聖書はそう啓示しているのです！

◆神の国は内側に存在する――神的能力・感覚の獲得

イエスは言われました。

「神の国はいつ来るのかと、パリサイ人が尋ねたので、イエスは答えて言われた、「神の国は、見られるかたちで来るものではない。また『見よ、ここにある』『あそこにある』などとも言えない。神の国は、実にあなたがたのただ中にあるのだ」。

―ルカ福音書17章20‐21節

神の国は信じる者たちのうちにある、と。神の国とは、神による統治・神の力・神の臨在の領域です。これは私たちの霊によりアクセスできます。信じる者の再生された霊には聖霊が住まわれます。実は聖霊が来られる時、イエスはこう言われたのです。

わたしは父にお願いしよう。そうすれば、父は別に助け主を送って、いつまでもあなたがたと共におらせて下さるであろう。それは真理の御霊である。この世はそれを見ようともせず、知ろうともしないので、それを受けることができない。あなたがたはそれを知っている。なぜなら、それはあなたがたと共におり、またあなたがたのうちにいるからである。

わたしはあなたがたを捨てて孤児とはしない。あなたがたのところに帰って来る。もうしばらくしたら、世はもはやわたしを見なくなるだろう。しかし、あなたがたはわたしを見る。わたしが生きるので、あなたがたも生きるからである。

その日には、わたしはわたしの父におり、あなたがたはわたしにおり、また、わたしがあなたがたにおることが、わかるであろう。

わたしのいましめを心にいだいてこれを守る者は、わたしを愛する者である。わたしを愛する者は、わたしの父に愛されるであろう。わたしもその人を愛し、その人にわたし自身をあらわすであろう」。

……

イエスは彼に答えて言われた、「もしだれでもわたしを愛するならば、わたしの言葉を

守るであろう。そして、わたしの父はその人を愛し、また、わたしたちはその人のところに行って、その人と一緒に住むであろう。……」

―ヨハネ福音書14章16－23節（抜粋）

私たちの霊の中に聖霊が来られる時、イエスと父もその人のところにきて一緒に住むと言われるのです。聖書の神は父・子・聖霊なる神でした。三つのパースン（Persons：位格）にいまして、同本質なる存在。つまり天地万物を創造された神ご自身がまるごと信じる者のうちに住まうというのです！　これも、私たちの生まれながらのマインドを超えること。ちょっと信じがたいかもしれません。

こうして神は信じる者の内側で統治されます。同時に、聖霊は神の国の現れを行うための神の力でもあります。イエスが奇跡やしるし・不思議をなされたのも聖霊によると証されています。

神はナザレのイエスに聖霊と力とを注がれました。このイエスは、神が共におられるので、よい働きをしながら、また悪魔に抑えつけられている人々をことごとくいやしながら、巡回されました。

―使徒行伝10章38節

イエスは神の本質（サブスタンス）の現れです。同時に、マリヤの胎から生まれた完全なる人でもありました。つまり神人（God-Man）です。が、この聖句からわかることは、イエスはあくまでも人として神から聖霊と力を注がれて、神が共におられたので、あれだけのわざをなされたのです。ここで私たちにも可能性が開けるのです。

神の国は言《ロゴス》にではなく、力にある（原語）。

―第二コリント書4章20節

神の国は理論的あるいは思想的な言説の中ではなく、力の中にあると言うのです。この力をデゥナミス（Dunamis）と言いますが、ダイナマイトの語源です。この力が悪霊を追い出し、すべての病を癒し、時には死者をもよみがえらせたのです。これはイエスによるだけでなく、弟子たちも行いました。なぜならイエスがそれを命じられたからです。なんとスーパーナチュラルな命令でしょうか！

行って、「天国が近づいた」と宣べ伝えよ。病人をいやし、死人をよみがえらせ、らい

病人をきよめ、悪霊を追い出せ。ただで受けたのだから、ただで与えるがよい。

―マタイ福音書10章7‐8節

そして神の国は聖霊のうちにあると聖書は言います。

神の国は飲食ではなく、義と、平和と、聖霊にある喜びとである。　―ローマ書14章17節

神の統治も、力も、臨在も、すべては聖霊なる神が私たちのうちに来てくださる時に実現するのです。神の国をナチュラルな物理的時空間において現出させるのは聖霊なるお方です。そして現在にあっても、信仰が働くところでは、聖霊によって病気の癒し、悪霊の追い出し、時には死人の蘇生も起きています。現代の自然科学的世界観で塗り固められた私たちのマインドにはとても理解できないことです。しかし、これは事実です！　イエスは言われました。

イエスは彼らを見つめて言われた、「人にはそれはできないが、神にはなんでもできな

い事はない」。

―マタイ福音書19章26節

ここに愛なる神に信仰を持つことによる希望があるのです。自分にとっては絶望的で不可能な状況において、神に頼るならば、不可能なことはなく、必ず助け出されるのですから！　否、イエスと同じわざ、それよりもはるかに大いなるわざを行うとまで言われているのです。

よくよくあなたがたに言っておく。わたしを信じる者は、またわたしのしているわざをするであろう。そればかりか、もっと大きいわざをするであろう。わたしが父のみもとに行くからである。わたしの名によって願うことは、なんでもかなえてあげよう。父が子によって栄光をお受けになるためである。何事でもわたしの名によって願うならば、わたしはそれをかなえてあげよう。

―ヨハネ福音書14章12―14節

ええ？　ちょっと待った。私たちの生まれながらのマインドにはとても理解できないことでしょう。まことにスーパーナチュラルな約束ですが、もしこれが額面通りであるとしたらいかがでしょうか？　なんとすごい約束ではないでしょうか！

アダムはもともと神の代理権威を与えられて、地上と空の生き物を治めよ、と命じられました。神は人を介してご自身の統治（Dominion）を行おうとされたのです。

ところがサタンの化身である蛇の誘惑によって、罪を犯したアダムはその統治権を失いました。サタンが不法にも横取りしたのです。イエスを誘惑した時にサタンは言いました。

「これらの国々の権威と栄華とをみんな、あなたにあげましょう。それらはわたしに任せられていて、だれでも好きな人にあげてよいのですから。それで、もしあなたがわたしの前にひざまずくなら、これを全部あなたのものにしてあげましょう」。イエスは答えて言われた、「『主なるあなたの神を拝し、ただ神にのみ仕えよ』と書いてある」。

―ルカ福音書４章６－８節

イエスはサタンの言をあえて否定していません。この時点では確かにアダムからだまし取った統治権がサタンにあったのです。しかしイエスが十字架で勝利をされた時、その統治権はイエスのものとされました。復活したイエスはこう宣言しています。

イエスは彼らに近づいてきて言われた、「わたしは、天においても地においても、いっさいの権威を授けられた。それゆえに、あなたがたは行って、すべての国民を弟子として、父と子と聖霊との名によって、彼らにバプテスマを施し、あなたがたに命じておいたいっさいのことを守るように教えよ。見よ、わたしは世の終りまで、いつもあなたがたと共にいるのである」。

―マタイ福音書28章18―20節

キリストにある新創造であるクリスチャンもこの権威を託されています。創世記で予言されたようにサタンはすでにイエスにより頭を砕かれています（創世記3章15節）。世界はキリストの統治権に服するべきなのですが、サタンはいぜんとして人々を奴隷としたままです。

また、わたしたちは神から出た者であり、全世界は悪しき者の配下にあることを、知っている。

―第一ヨハネ書5章19節

サタンに法的権利はありません。が、リンカーンによって奴隷解放宣言は出されても、それを知らないか、あるいはその権利を主張しない人々は、現実的には奴隷生活を強いられたのと同じです。法的な効力はそれを主張することにより実効を得ます。病、貧困、争い、悲劇などのルーツはサタンにあります。神と人類の敵であるサタン、そして究極的には死をこの世界から駆逐すること。これが新創造たるクリスチャンの任務です。

そして大切なことは、このような聖書に啓示されている真理を把握するためには、生まれながらの魂の機能では不可能であることです。

むしろ、わたしたちが語るのは、隠された奥義としての神の知恵である。それは神が、わたしたちの受ける栄光のために、世の始まらぬ先から、あらかじめ定めておかれたものである。……しかし、聖書に書いてあるとおり、「目がまだ見ず、耳がまだ聞かず、人の心に思い浮びもしなかったことを、神は、ご自分を愛する者たちのために備えられた」のである。

そして、それを神は、御霊によってわたしたちに啓示して下さったのである。御霊はすべてのものをきわめ、神の深みまでもきわめるのだからである。いったい、人間の思いは、その内にある人間の霊以外に、だれが知っていようか。それと同じように神の思いも、神の御霊以外には、知るものはない。
ところが、わたしたちが受けたのは、この世の霊ではなく、神からの霊である。それによって、神から賜わった恵みを悟るためである。この賜物について語るにも、わたしたちは人間の知恵が教える言葉を用いないで、御霊の教える言葉を用い、霊によって霊のことを解釈するのである。
魂的な人は（原語）、神の御霊の賜物を受けいれない。それは彼には愚かなものだからである。また、御霊によって判断されるべきであるから、彼はそれを理解することができない。

―第一コリント書2章7―14節

神の奥義《ミステリー》を解く鍵は、生来の魂によるのではなく、神から受けた人の霊と聖霊によるのです。これはある種のシックスセンスによると言えるかもしれません（注）。

わたしたちは、見えるものによらないで、信仰によって歩いているのである。

―第二コリント書5章7節

（注）映画『スター・ウォーズ』の「目ではなくフォースに頼れ」は、実は聖書の模倣です。同映画はニューエイジの強い影響下にあります。

◆神のスーパーナチュラルな介入

神が人と関わるとき、後に述べますが、信仰が鍵であることは旧約も新約も同じです。信仰があるところには神は必ず関わりを持ってくださるのです。このとき、私たちに介入されるあり方としては二通りあります。一つは摂理による介入、もう一つは直接的介入です。

摂理による介入

名画『ベン・ハー』の副題は〝A Tale of the Christ〟です。つまり「キリストの物語」。表向きはジュダ・ベン・ハー（「ハー家の息子ジュダ」の意）の家族の悲劇と回復の物語ですが、その背後において、ポイントになる場面でイエスが御手を差し出してくださるのです。砂漠を連行される場面で、渇きのために主人公が生きる気力を失う場面では、イエスが水を差し出します。ガレー船においては司令官クインタス・アリウスが彼に目を留め、鎖を外しますが、そのためアリウス自身もジュダにより命を救われ、ジュダはアリウスの養子とされます。

メッサラにより投獄され、死んだと思っていた母と妹の復讐を果たしたジュダはさらなる試練に会います。彼女たちは業病だったのです。悲嘆に暮れる彼らを最後に救うのはイエスの十字架でした。自分に水を差し出し、生きる希望を与えてくれた方の酷い最期を目撃します。虚しい死であるかのようでしたが、十字架上でも「父よ、彼らを赦したまえ」と祈る姿を見て、メッサラに対する憎しみは消え去り、しかも、そこに流れた血によって母と妹は奇跡的に癒されるのです。

この映画はまさに摂理によって私たちの人生の背後で働かれる神を描いています。私たちが何気に毎日の生活で出会う人や事件は神によって配剤されており、一見悲劇と思われることも実は神によって益とされることを知るのです。

神は、神を愛する者たち、すなわち、ご計画に従って召された者たちと共に働いて、万事を益となるようにして下さることを、わたしたちは知っている。

－ローマ書8章23節

神を信じる者にとって、偶然はありません。創造主を認めない進化論者にとっては、すべては確率論に帰されます。人は死ねば虚無です。人生も何が起きるかわからないし、おちおちしていられません。このような世界観に住むことはかなり厳しい精神状態を意味するでしょう。これも大脳が作り出した一つのリアリティーであり、神を排した偶然的世界観と言えます。

有名な人物ではリチャード・ドーキンスがおります。『利己的な遺伝子』や『神は妄想である』などの挑発的著作で有名な無神論者ですが、最近、ダウン症の子供は生まれるべきではないと発言して物議を醸しました。適者生存の価値観からすると、ダウン症の子供は排除されるべきと結論されるのでしょう。創造主を認めない世界観の究極と言えます。生命は社会との関わりで理解されるべきであり（社会的ダーウィニズム）、それ自体は偶然の産物である以上、価値はないと考えられるのです。彼らには摂理は理解できないことでしょう。

直接的な介入

摂理による神の介入に対して、神が直接的に介入されることがあります。これが奇跡です。奇跡とは物理的時空間における自然法則を越えて、神がわざをなさることです。私たちの自然科学的世界観からすると、あり得ないことが起きることになります。旧約時代にはいくつか信じられないような現象が記録されています。

たとえば、ヨシュアがアモリ人と戦った際、太陽と月が空において丸一日停止したことが書かれています。

主がアモリびとをイスラエルの人々にわたされた日に、ヨシュアはイスラエルの人々の前で主にむかって言った、「日よ、ギベオンの上にとどまれ、月よ、アヤロンの谷にやすらえ」。

民がその敵を撃ち破るまで、日はとどまり、月は動かなかった。これはヤシャルの書にしるされているではないか。日が天の中空にとどまって、急いで没しなかったこと、おおよそ一日であった。

これより先にも、あとにも、主がこのように人の言葉を聞きいれられた日は一日もな

かった。主がイスラエルのためにに戦われたからである。

―ヨシュア記10章12‐14節

ええ、こんなことがあるはずがない！　私たちのマインド・セットからはまったく逸脱する現象でしょう。普通は（私も含め）単なる神話と考えると思います。それが当然でしょう。しかし、信仰はこれを認めます。

さらにはつぎのような記録もあります。ヒゼキヤ王が病気になり、イザヤから死を宣告された時、神に罪のゆるしと憐れみを請い、寿命が十五年延ばされた時、そのしるしとして日時計の影が一〇度戻ったとあります。

「……主が約束されたことを行われることについては、あなたは主からこのしるしを得る。『見よ、わたしはアハズの日時計の上に進んだ日影を十度退かせよう』」。すると日時計の上に進んだ日影が十度退いた。

―イザヤ書38章7‐8節

これも私たち現代人にはちょっと……でしょう。このような介入を神はこの物理的時空間になさるのです。イエス自身もこのような癒しやしるし・不思議をなさいました。イエスは水の上を歩いたのです！　しかも普通の人であるペテロもイエスの言葉《レーマ》に応えて、水の上を歩いたのです。しかし、風や波などに目が取られると溺れかけました。信仰とは神の語り出された言葉《レーマ》に応答することであるとわかります。が、五感に注意を置く時、妨げられてしまうのです。主イエスはこのような時に「なぜ疑うのか」とよく叱責しました。

イエスは彼に言われた、「もしできれば、と言うのか。信ずる者には、どんな事でもできる」。

―マルコ福音書9章23節

そしてパウロは言っています。

義人は信仰によって生きる。

―ガラテヤ書3章13節

現在でもこのような神の直接的介入の事例は報告されています。たとえば、車の事故で閉じ込められ、火災が発生したとき、神に天使を送って助けてくださいと祈った二組のクリスチャン夫妻が、救助隊の到着前に天使により車外に助け出されたことがあります。これはYouTubeで見ることができます。なぜならこう書いてあるからです。

御使たちはすべて仕える霊であって、救を受け継ぐべき人々に奉仕するため、つかわされたものではないか。

—ヘブル書1章14節

病気の癒しにおいても、末期のガン患者が瞬時に癒される事例などもあるのです。また、ある牧師が四十五分間の死の状態からイエスによってよみがえらされ、しかも心臓疾患の遺伝子が取り除かれた経験を国連で証言したりもしています（YouTubeにて視聴可能）。ここまでくるとちょっとついて行けないと思われる人もかなり多いと思います。通常、このような話は偽り、妄想、あるいは真実かのいずれかですから。もし本当ならば、なんと心が解放され、希望にあふれることでしょう。

要するに信仰を阻害する要因は私たちの自然科学的世界観を絶対とする私たちのマインドにあるとわかると思います。このマインドが広げられる、あるいは聖書の世界観によって再構成されるとき、これらの経験が自分のものとなるのです。

◆信仰の領域を拡大する鍵——マインドのトランスフォーメーション

信仰は生まれながらの知性、すなわちマインドを超えている、これはすでにご理解いただけたと思います。私たちが神の介入により救いやみわざに豊かに与るためには、マインドのキャパシティーを広げてもらう、あるいはマインド・セットを再構成される必要があるのです。いわゆる自然科学的世界観で構築されたリアリティーの中だけにとどまるならば、神の働きは限局化されてしまうでしょう。

人間のマインドにはもともと素晴らしい能力がありました。バベルの塔の逸話はご存知と思いますが、人類が神に挑戦して高い塔を作ろうとした時、聖書はこう書いています。

時に主は下って、人の子たちの建てる町と塔とを見て、言われた、「民は一つで、みな同じ言葉である。彼らはすでにこの事をしはじめた。彼らがしようとする事は、もはや何事もとどめ得ないであろう。……」

―創世記11章5―6節

「しようとする」とは英訳では〝meditating upon〟です。つまり思いめぐらす、あるいは黙想することです。人間のマインドに浮かんだことは必ずなると神が言われるのです。実際、かつて手塚治虫の未来漫画で描かれたコンピューターやロボットなど、そのほとんどが実現しています。ついには生命もコントロールする段階に入っています。逆にヨブは悪いことが自分に起こることを恐れていた、あるいは予期していたため、実際に悲劇に見舞われてしまいました。私たちのマインドは私たちの人格や歩むべき道を決定するのです。

彼はその魂で思いめぐらす通り、そのままの人間だ。

―箴言23章7節（原語）

恐れていたことが起こった、危惧していたことが襲いかかった。静けさも、やすらぎも失い、憩うこともできず、わたしはわななく。

―ヨブ記3章25―26節（新共同訳）

そこでマインド・セットを世の中の価値観（特に自然科学的世界観）から解放し、霊的領域に深く入るために、パウロはこう言っています。

そしてあなたがたは、この世と同じ姿かたちにさせられてはならない。むしろ〔自らの〕思いを刷新することによって形造り直され、〔その結果〕何が神の意思であり、善きことであり、そして〔神に喜ばれる〕ことであり、完全なことであるのかを、あなたがたは吟味するように〔しなさい〕。

－ローマ書12章2節（岩波訳）

くり返しますが、マインドは霊と魂の接点だからです。霊的領域にアクセスする鍵はマインドにあるのです。ここで「形造り直され」とは〝transformed〟です。この原語は〝metamorphoo〟で、昆虫の変態の意味があります。要するに思い＝マインドがこの世のマインド・セット、ブリーフ・システムの形に構成されないように、むしろマインドを新しくして、再構成されなさい、と言います。このとき聖書の御言葉を記憶し、絶えず思いめぐらす（黙想する）ことは大いなる助けとなります（注）。

なぜなら、肉に従う者は肉のことを思い、霊に従う者は霊のことを思うからである。肉の思いは死であるが、霊の思いは、いのちと平安とである。なぜなら、肉の思いは神に敵

するからである。

ローマ書8章5‐7節

先に述べたように、霊には霊の場があり、魂には魂の場があります。神の臨在は聖霊の場に置かれるとき感知できます。同じように私たちのマインドが神のマインドの場に置かれ、神とマインドを共有するとき、神の御心を知ることができます。これが霊の思いです。逆に肉の思いは神に敵対し、神の思いと反発します。ちょうど磁力線が浸透したり、反発したりする感じです。霊が思いに浸透するのです。

またあなたがたが思い（原語）**の霊において新しくされ、真理に基づく義と聖をもって神にかたどり造り出された、新しい人を身に着るべきことでした。**

‐エペソ書4章23‐24節（新改訳）

こうして私のマインドが神のマインドの場に調和する必要があります。特に現代人は自然科学的世界観に生きていますから、たとえば末期の致命的病気と診断されるとほとんど絶望してしまいます。これが肉の思いです。しかし信じる者にはなんでも可能とイエスが言われる以上、キリストのマインドにチューニングされるならば、決して絶望するには及ばないのです。イエスの十字架によって罪の赦しと病の癒しはすでに成し遂げられています。（注）

（注）ここで注意していただきたいのは、いわゆるニューエイジ・ムーブメントと言われるものと似て非なる点です。ニューエイジでも「願望物質化の法則」とか「引き寄せの法則」などを主張します。確かにそのようなパワーがもともとマインドにはあります。なぜなら人は神の形と様に造られているからです。クリスチャンの場合は、キリストの十字架による死と復活に基づく経験です。ニューエイジはイエスの十字架の贖いの効力が無効あるいは不要としつつ、聖書を模倣する汎神論的思想・実践体系です。

十字架の癒しという霊的領域における真理のサブスタンスが信仰によって目の前の世界に現出するのです。それはイエスが私たちとまったく同じ血肉を持っていたのと同様に、目で見て、手で触れることができるのです。

あるときは男だけで五千人が空腹のとき、パンが五つと魚が二匹しかなかったのにも関わらず、イエスは平然としていました。天を見上げてそのパンを祝福して裂いて、弟子たちに渡すと、次々に増えていったのです。まことに奇跡です。こうしてイエスはまずご自身で、信じる者には不可能はないことを実証されたのです。イエスのマインドは父のマインドの場に調和しており、地上の物の考え方や見方とはまったく異なっているのです。そこでこれだけ偉大な信仰を働かせることができたのです。

またある日には、嵐が来て乗っていた船が沈みそうになる時も平然と寝ていました。


それから、イエスが舟に乗り込まれると、弟子たちも従った。

すると突然、海上に激しい暴風が起って、舟は波にのまれそうになった。ところが、イエスは眠っておられた。そこで弟子たちはみそばに寄ってきてイエスを起し、「主よ、お助けください、わたしたちは死にそうです」と言った。

するとイエスは彼らに言われた、「なぜこわがるのか、信仰の薄い者たちよ」。それから起きあがって、風と海とをおしかりになると、大なぎになった。

彼らは驚いて言った、「このかたはどういう人なのだろう。風も海も従わせるとは」。

―マタイ福音書8章23-27節

イエスはこれらのことをすべて信仰によってなされたのです。なぜなら、

すべて信仰によらないことは、罪である。

―ローマ書14章23節

とあるからです。ちなみにイエスが言われた言葉でもっとも多いのは「恐れるな」と「心を騒がすな」でした。まことに現代人にとって必要なことは魂の安息です。特にマインドがネガティブな思いに満ちていると感情が恐れや不安で犯され、いわゆるストレス障害や心身症、さらには鬱病などを発症します。安息は信仰の実であり、イエスのみもとに来る時に与えられます。

すべて重荷を負うて苦労している者は、わたしのもとにきなさい。あなたがたを休ませてあげよう。わたしは柔和で心のへりくだった者であるから、わたしのくびきを負うて、わたしに学びなさい。そうすれば、あなたがたの魂に休みが与えられるであろう。わたしのくびきは負いやすく、わたしの荷は軽いからである。

―マタイ福音書11章28―30節

かくしてイエスのマインドはこの物理的時空間に拘束されず、自由に信仰を用いることができたのです。そして素晴らしいことは信じる者には次のような約束があるのです。

「だれが主の思いを知って、彼を教えることができようか」。しかし、わたしたちはキリストの思いを持っている。

―第一コリント書2章16節

信じる者はキリストの思い、マインドを持っているのです！　私たちの生まれながらのマインドが、それを制限しないとき、神の無限の資源を用いることができるのです。では信仰はどのように生まれるのでしょうか？　聖書は言います。

したがって、信仰は聞くことによるのであり、聞くことはキリストの言葉《レーマ》から来るのである。

―ローマ書10章17節

私たちの霊が神の霊の場に調和するとき、神のマインドが霊に反映し、私たちのマインドで言語化あるいは映像化されます。すると、願い求めるサブスンタスを「得た」とわかります。そして語り出すのです。この神のレーマを聞くためには神の言《ロゴス》による霊と魂の切り分けが必要です。しばしば五感に影響される魂の波動がそれを阻害するからです。ゆえにこうあります、

事実、神のことば《ロゴス》は生きていて活力があり、あらゆる諸刃の剣にまさって切れ味があり、魂と霊を、関節と骨髄を切り分けるほどに刺し貫くものであり、心の思いと考えを見分けることができるものである。

―ヘブル書4章12節（岩波訳）

こうして時期を得たレーマを得れば、あとはその現れを待つだけです。そのために、

わたしたちの戦いの武器は、肉のものではなく、神のためには要塞をも破壊するほどの力あるものである。わたしたちはさまざまな議論を破り、神の知恵に逆らって立てられたあらゆる障害物を打ちこわし、すべての思いをとりこにしてキリストに服従させ……

―第二コリント書10章4―5節

このようにして、神と対立する内的な要塞（霊感情観念複合体）が砕かれ、マインドがキリストに服するとき、信仰が容易に息吹かれ、なんでも祈り求めるものがかなえられることを経験します。

実にイエスがしばしば弟子たちの不信仰を叱責したのは、イエスと同じことを弟子もなし得ると考えていたからです。小学生に微積分ができなくても誰も叱責しませんが、大学生ならば……。確かにイエスは私たちもご自分と同じ生き方ができるとみているのです。信じる者はイエスのわざと同じわざを行うポテンシャルを有しているのです。

▼ポータル6：信仰は天のポータルを開く

◆天のポータル（門）としてのイエス

だから、あなたがたはこう祈りなさい、天にいますわれらの父よ、御名があがめられますように。御国がきますように。みこころが天に行われるとおり、地にも行われますように。

―マタイ福音書6章9‐10節

祈りの本質はこの聖句に集約されると言えます。天（霊的領域）のサブスタンスが地（物理的時空間）に現れること。神の国には病気、欠乏、問題の山などはありません。イエスは神の国の有様を教え、実際にデモンストレーションされたのです。

神は私たちの信仰によって私たちと関係を持ってくださるのですが、それを表現する、あるいは神に願いを捧げる、あるいはサタンや問題の山に命じる方法があります。それが祈りです。祈りは神また霊的領域にアクセスするために信じる者に与えられたツールであり、武具であるのです。

ここでポータルとは何か、ちょっと解説します。もちろん門、あるいはゲートとかチャネルと言ってもよいでしょう。

すでに少し触れましたが、旧約聖書においてアブラハムの孫ヤコブがベテル（神の家）という場所に来た時の記事があります。

さてヤコブはベエルシバを立って、ハランへ向かったが、一つの所に着いた時、日が暮れたので、そこに一夜を過ごし、その所の石を取ってまくらとし、そこに伏して寝た。時に彼は夢をみた。一つのはしごが地の上に立っていて、その頂は天に達し、神の使たちがそれを上り下りしているのを見た。そして主は彼のそばに立って言われた、「わたしはあなたの父アブラハムの神、イサクの神、主である。あなたが伏している地を、あなたと子孫とに与えよう。あなたの子孫は地のちりのように多くなって、西、東、北、南にひろがり、地の諸族はあなたと子孫とによって祝福をうけるであろう。わたしはあなたと共にいて、あなたがどこへ行くにもあなたを守り、あなたをこの地に連れ帰るであろう。わたしは決してあなたを捨てず、あなたに語った事を行うであろう」。

ヤコブは眠りからさめて言った、「まことに主がこの所におられるのに、わたしは知らなかった」。そして彼は恐れて言った、「これはなんという恐るべき所だろう。これは神の家である。これは天の門だ」。
ヤコブは朝はやく起きて、まくらとしていた石を取り、それを立てて柱とし、その頂に油を注いで、その所の名をベテルと名づけた。その町の名は初めはルズといった。

――創世記28章10―19節

この場所は天から地にはしごがかけられており、天使が上り下りしていました。そこでヤコブは天の門だと気が付くのです。さらに神がおられる場、神の家だとも。ここでは天と地がつながれているのです。ヤコブは自分の子孫が祝福を受け、繁栄する約束を神からいただきます。つまり天の門は人間と神が接点を持つ場です。
新約に至りますと、イエスについて次のように書かれています。

ナタナエルは答えた、「先生、あなたは神の子です。あなたはイスラエルの王です」。イエスは答えて言われた、「あなたが、いちじくの木の下にいるのを見たと、わたしが言ったので信じるのか。これよりも、もっと大きなことを、あなたは見るであろう」。また言われた、「よくよくあなたがたに言っておく。天が開けて、神の御使たちが人の子の上に上り下りするのを、あなたがたは見るであろう」。

―ヨハネ福音書1章49-51節

先にイエスがバプテスマを受けられた時、天が裂けたとマルコ福音書にありました。

どうか、あなたが天を裂いて下り、あなたの前に山々が震い動くように。

―イザヤ書64章1節

この祈りが成就したのです。ここでイエスは大いなるわざを行うと言われますが、人の子、つまりご自分の上に天使たちが上り下りするのを見ると予告されます。イエスはヤコブの見た天の門であり、神の家の実体、さらに神殿です。

イエスは彼らに答えて言われた、「この神殿をこわしたら、わたしは三日のうちに、それを起すであろう」。

そこで、ユダヤ人たちは言った、「この神殿を建てるのには、四十六年もかかっていま

す。それだのに、あなたは三日のうちに、それを建てるのですか」。イエスは自分のからだである神殿のことを言われたのである。
―ヨハネ福音書2章19―21節

旧約聖書は一言で言ってイエスを描く絵本のようなものであり、そこに登場する人物や事象は、何らかの形でイエスご自身の予型です。

だから、あなたがたは、食物と飲み物とにつき、あるいは祭や新月や安息日などについて、だれにも批評されてはならない。これらは、きたるべきものの影であって、その本体はキリストにある。
―コロサイ書2章16―17節

「本体」とか「きたるべき良いこと」とはキリストのことです。つまりイエスは天と地をつなぐポータルであり、イエスを通して地の必要や問題は天にもたらされ《アセンディング》、その満たしや解答が地上にもたらされる《ディセンディング》のです。ゆえにイエスは約束されました。

その日には、あなたがたがわたしに問うことは、何もないであろう。よくよくあなたが

たに言っておく。あなたがたが父に求めるものはなんでも、わたしの名によって下さるであろう。今までは、あなたがたはわたしの名によって求めたことはなかった。求めなさい、そうすれば、与えられるであろう。そして、あなたがたの喜びが満ちあふれるであろう。

—ヨハネ福音書16章23－24節

要するにイエスは天（霊的領域）と地（物理的時空間）をつなぐスーパーナチュラルな門であり、神が肉体を取られたお方、つまり神の家、神殿なのです。イエスの受肉によって、ヤコブの見た夢が実現したのです。

◆救いはただ信仰による

旧約の救いと新約の救い

旧約聖書は天地と人の創造から、いかにして人が罪を犯すことによって神から離れ、永遠の命から切り離されて、独力で生きざるを得なくなったか、その人の生の困難と苦難をいわゆるイスラエル人の歴史を通して描写しております。それはまた神を離れた人類の歴史のプロトタイプであり、それゆえメシアの必要性と到来を予告し、メシアによる救いの型をもろもろの祭事や出来事によって見せています。つまり旧約は新約のメシア・イエスのご人格とみわざをビジュアルに描き出しているのです。そしてその中核にあるのはモーセに授けられた律法です。律法は神の聖に基づく神の義の基準を提示するものであり、実は人が自分の能力によっては決して遵守し得ない性質のものであるにもかかわらず、イスラエル人はそれを守るべく虚しい努力を繰り返しました。

いったい、律法はきたるべき良いことの影をやどすにすぎず、そのものの真のかたちをそなえているものではないから、年ごとに引きつづきささげられる同じようないけにえによっても、みまえに近づいて来る者たちを、全うすることはできないのである。

－ヘブル書10章1節

彼らはその過程を通して、実は自分の罪を自覚するべきであったにもかかわらず、それを形式的に守ることに注意を向け、本来の神の意図から離れるばかりでした。律法を守ることによって救われることは決してないのです！

しかし、そのような中にあっても神の救いを得た人々がいました（ヘブル書11章のリスト）。特にアブラハムは「信仰の父」と呼ばれております。彼はどうして神の救いを得たのでしょうか？　律法を守った（行い）からでしょうか？　否、彼の時代には律法はまだありませんでした。アブラハムが神から得ていたのは神の約束でした。そして彼はそれを信じたのです！「それが彼の義とみなされた」のです（ローマ書4章22節）。

すると、どこにわたしたちの誇があるのか。全くない。なんの法則によってか。行いの法則によってか。そうではなく、信仰の法則によってである。

―ローマ書3章27節

旧約においても新約においても救いはただ神の言葉を信じることによります。しかし人は言います、「信じたくらいで救われれば苦労はない！」と。実はこの言葉こそ、人のプライド、人の高慢を証しています。この言葉の裏には、「俺はこれだけ努力しているんだ、それでも自分は悩みや苦労から解放されていないのだ」というニュアンスが含まれています。これはまさに自己努力による自己救済の追求に他なりません。これはあたかも、自分の髪を自分で引っ張って空を飛ぼうとするようなものです。

神の救いを得る第一歩はまず、「もう自分にはできない!」と叫ばざるを得ないところまで追い詰められることです。もうへとへとに疲れ果て、希望も自信も完全に喪失した状態に至ることです。イエスも「あなたは髪の毛の一すじさえ黒くも白くもできない」と言われます（マタイ福音書5章36節）。これを知るこの時こそが「信仰の瞬間」といえます。神の言葉にすがり、神の招きに応じるのです。すると、まさにこの瞬間を待っていたように、神はご自分の全能の御腕を差し伸べて、すっとすくい上げてくださるのです!

信仰とは神の言葉、神の全存在、神の神たる方のすべてに対する全面的な信頼を生みます。誰でも自分の言葉や人格に信頼を置いてくれる相手には喜びを覚え、その期待に完全に応えたいと願うことでしょう。同様に私たちの神に対する信仰こそ、神を認め、崇め、そして礼拝することです。神は私たちが神のために何かをすること以上に、いついかなる時にあっても、ただ私たちがご自身を全面的に信頼して待ち望むことを喜ばれます。そこには神と私たちの深い親密な交わり（全存在的交流）があるからです。

信仰がなくては、神に喜ばれることはできない。なぜなら、神に来る者は、神が「あ

る」であり（原語）、ご自身を求める者に報いて下さることとを、必ず信じるはずだからである。

—ヘブル書11章6節

救いの階層——霊・魂・体の順

神の救いの過程はすでに述べたように、死んでいた霊を再生（Born Again）することから開始されます。これはスーパーナチュラルな神のわざです。このとき霊のうちに聖霊によって三位一体の神が住んでくださいます。この意味でイエスと同様に信者も神の国の門とされ、また神の家（ベテル）とされるのです。信者のうちに神の国が開かれ、神と交わりを持つことができるようになります。私たちの霊から聖霊と神の国の力が自由に流れ出るようになります。

「……わたしを信じる者は、聖書に書いてあるとおり、その腹から生ける水が川々（原文）となって流れ出るであろう」。これは、イエスを信じる人々が受けようとしている御霊をさして言われたのである。

—ヨハネ福音書7章38−39節

旧約では神と直接触れるならば、人の罪のゆえに直ちに死に至りましたが、新約ではイエスの十字架の贖いにより罪の問題が処理され、よって神が人の霊を住まいとすることが可能となったのです。旧約では幕屋や神殿(注)に臨在された神は、新約では信じる者の霊に臨在されます。これを「**臨在の奥義**」と言います。

そしてあなたがたも、主にあって共に建てられて、霊なる神のすまいとなるのである。

―エペソ書2章22節

(注) 幕屋と神殿は外庭・聖所・至聖所からなり、旧約では神は至聖所に臨在されました。至聖所の形は立方体で完全形。この三部分は人の体・魂・霊にそれぞれ対応します。つまり新約では人が神の神殿です。

このように霊はすでに完全にされているのですが、私たちの魂、つまり知・情・意は、この地上に生まれてこの方、いろいろな経験によって傷を受けたり、物の見方が偏向したり、歪んだり、いろいろと問題を抱えています。肉体の一部である大脳はまだ贖われていないからです。特に大脳辺縁系が主な問題のルーツです。
神は聖であり、私たちにも聖であれと言われますが（レビ記11章45節）、とても不可能なことに思えます。聖（Holiness）は神の存在の本質的御性質そのものであって、神のその他の属性はすべてこの神の聖性によります。この神のご性質を帯びるように魂が再構成される過程を**聖化**と言います。詳細は後ほど述べます。
そして最後の段階として、旧創造に属するからだが贖われる時に、私たちは完全にキリストと同じ姿形であることとでしょう。神の子の出現です（ローマ書8章19節）。これが聖化の究極にある**栄光化**です（ローマ書8章23節）。

神はあらかじめ知っておられる者たちを、更に御子のかたちに似たものとしようとして、あらかじめ定めて下さった。それは、御子を多くの兄弟の中で長子とならせるためであった。そして、あらかじめ定めた者たちを更に召し、召した者たちを更に義とし、義とした者たちには、更に栄光を与えて下さったのである。

－ローマ書8章29－30節

これはキリストの再臨の時に完全な形で実現するのですが、現在でもその栄光に与ることができるのです。霊のアクティベーションから始まった救いのわざは魂のトランスフォーメーションを経て、ついに体のグロリフィケーションで完成されます。この過程はすべて聖霊によるのであって、スーパーナチュラルな神のわざなのです。

神に絶望はない——目前のリアリティーは変えられる

私たちはこの世で生きる間にいろいろな出来事に遭遇します。失業や末期の致命的病気などはかなり大きな試練ですが、小さなものから大きなものまで、絶えずそれらに直面し、状況判断し、意志決定により行動しています。この状況判断と意志決定に影響するのがマインドの中に構築された世界モデル、あるいはマインド・セットであることはすでに指摘しました。

かくして次々にもたらされる事件や状況によって翻弄されつつ生きるのが人間と言えるのです。ある意味なんと過酷なことでしょう。どんなに気を付けていても致命的病気に罹るリスクはつねに存在します。……と、このような考え方は実は聖書から離れたマインドによる考え方なのです。イエスは言います、恐れるな、目の前の現実はいくらでも変えられる、と！

さてここで病気の例をとって事実と真理の違いを説明しておきます。この場合、事実（facts）とは症状であり、一般には物理的時空間において生じるもろもろの事象・現象です。それは物質的なもの、あるいは精神的なものです。なぜならこの世の現象は物質と精神との絡みでできているからです。それはこの世界の中で時間に従って流転します。対して真理（Truth）とは霊的領域において神がキリストにあって成し遂げてくださった／くださる霊的事実です。これは時間と空間に束縛されない永遠の現在である霊的領域のサブスタンスです。よって時間により変化することはありません。すべての病はイエスが十字架で負われ、その傷により癒されているのです。

ポイントは、事実を真理に従うべく変えることができるのです！　それが信仰の力です。目に見える事実は一時的ですが、目に見えない真理は永遠のものです。信仰は永遠の真理を見て、それをこの物理的時空間において実体化し、経験することなのです。

わたしたちは、見えるものにではなく、見えないものに目を注ぐ。見えるものは一時的であり、見えないものは永遠につづくのである。

―第二コリント書4章18節

信仰が働くとき、目に見えない真理のサブスタンスが、この物理的時空間に現出し、目の前の事実を変えるのです。これが癒しです。信じる者は現代医学では難しい病気なども支配するポテンシャルを有しているのです。すでに述べたように、信じる者は神をうちに宿す神の神殿、その内側には神の国があり、神の国は力（デュナミス）にあり、聖霊がその力をもって働いてくださるのです。神のアダムに対する当初の意図は統治することでした。今、新しい創造とされた信じる者も、キリストからいただいた権威を用いて、すべてを統治するのです。このことを聖書はこう書いています。

わたしは、あなたに天国のかぎ（複数型）を授けよう。そして、あなたが地上でつなぐことは、天でもすでにつながれており、あなたが地上で解くことは天でもすでに解かれているであろう」。

―マタイ福音書16章19節（原語、時制に注意）

もし、ひとりの罪過によって、そのひとりをとおして死が支配するに至ったとすれば、まして、あふれるばかりの恵みと義の賜物とを受けている者たちは、ひとりのイエス・キリストをとおし、いのちにあって、さらに力強く支配するはずではないか。

——ローマ書５章17節

かくしてマインドがキリストのマインドに従ってトランスフォームされるほど、自由に信仰を働かせることができ、このような天的権威を行使できるのです。

◆スーパーナチュラルを経験する鍵——信じることと語ること

実際的に神の領域のサブスタンスを信仰によって自分のものとして経験する鍵はなんでしょうか？　パウロはこう言っています。

「わたしは信じた。それゆえに語った」としるしてあるとおり、それと同じ信仰の霊を持っているので、わたしたちも信じている。それゆえに語るのである。

——第二コリント書４章13節

神は創世記で、万物を無から呼び出すことにより創造されました。

彼はこの神、すなわち、死人を生かし、無から有を呼び出される神を信じたのである。

―ローマ書4章17節

最初の人アダムも、動物を呼ぶことで名を付けました。それは動物にアイデンティティーを与えることです。第二の人イエスも語り出す言葉により、悪霊を追い出し、病気を癒し、死者をすら生き返らせました。

人を生かすものは霊であって、肉はなんの役にも立たない。わたしがあなたがたに話した言葉《レーマ》は霊であり、また命《ゾーエ》である。

―ヨハネ福音書6章63節

信仰、すなわちサブスタンスを得たならば、語り出すことです。この神の言葉（dabar）を語り出すことにより、スーパーナチュラルな何かがなされるのです。ヘブル語の言葉は実質・本質（matter）と同義です。

このように、わが口から出る言葉も、むなしくわたしに帰らない。わたしの喜ぶところのことをなし、わたしが命じ送った事を果す。

―イザヤ書55章11節

あなたが事を宣言するならば、その事は成就し、あなたの道には光が輝く。

―ヨブ記22章28節（原語）

人は自分の言葉の結ぶ実によって、満ち足り、そのくちびるの産物によって自ら飽きる。死と生とは舌に支配される、これを愛する者はその実を食べる。

―箴言18章20―21節

しかも神は次のように約束されています。

わたしは唇の実りを創造し、与えよう。平和、平和、遠くにいる者にも近くにいる者にも。わたしは彼をいやす、と主は言われる。

―イザヤ書57章18節（新共同訳）

ここの「創造し」の原語は〝bara〟ですが、創世記1章1節で「神は天と地を創造した」とある単語と同じです。口から語り出す言葉の実を神は創造してくださるのです。語り出された言葉には何かを生み出し、創造する力があるのです。創造とは無から有を生み出すことです。

私自身、癒しの経験は何度もありますが、たとえば、三十年来の花粉症に対して、「イエスの名によって命じる、IgE抗体よ、花粉に反応するな。免疫系よ、過敏に反応するな！」と命じたところ、まったく消え去りました。これは自分自身が呆気にとられているほど。え、何が起きたの？ といった感覚なのです。毎年あれほどに苦しんだのですが……。

要するに、神ご自身のわざも、イエスと私たちも原則は同じです。サブスタンスを得たならば、つまり信仰を得たならば、語り出すこと、命じること。これがスーパーナチュラルな実を得る神の法《ノモス》です。このときまず霊的領域においてサブスタンスが効力を発揮し、いずれこの物理的時空間にそのとおりの現象や事象を生み出すのです。これが「実体化」ということです。かくしてもろもろの困難や病気などの人生の山に向かって、信仰によって命じよ、とイエスは言われます。

よく聞いておくがよい。だれでもこの山に、動き出して、海の中にはいれと言い、その言ったことは必ず成ると、心に疑わないで信じるなら、そのとおりに成るであろう。

―マルコ福音書11章23節

現代人は知性によって原因を探り、また分析し、それらを解決しようとしますが、神の解決方法は単純に信じて命じること。一見、現代人にとっては愚かな方法です。しかし語り出された言葉《レーマ》には、霊的領域に作用する力があるのです。

このとき特にイエスの名を用いることは大切です。なぜなら、

どうか、わたしたちの主イエス・キリストの神、栄光の父が、知恵と啓示との霊をあなたがたに賜わって神を認めさせ、あなたがたの心の目を明らかにして下さるように、そして、あなたがたが神に召されていただいている望みがどんなものであるか、聖徒たちがつぐべき神の国がいかに栄光に富んだものであるか、また、神の力強い活動によって働く力が、

わたしたち信じる者にとっていかに絶大なものであるかを、あなたがたが知るに至るように、と祈っている。

神はその力をキリストのうちに働かせて、彼を死人の中からよみがえらせ、天上においてご自分の右に座せしめ、彼を、すべての支配、権威、権力、権勢の上におき、また、この世ばかりでなくきたるべき世においても唱えられる、あらゆる名の上におかれたのである。

―エペソ書1章17―21節

イエスの名はあらゆる名の上に置かれているのです。繰り返しますが、名は実質と不可分です。つまりイエスの名はあらゆる存在、事象、事柄、新羅万象の上に置かれているのです。ゆえにイエスの名には天と地を統治する権威があるのです。

◆神のスーパーナチュラルな愛に生きる

わたしたちは、神がわたしたちに対して持っておられる愛を知り、かつ信じている。神

は愛である。愛のうちにいる者は、神におり、神も彼にいます。ー第一ヨハネ書4章16節

神の愛と言われてもピンと来ないと言われる方も多いでしょう。実はギリシャ語では愛にはいくつかあります。エロスは男女の愛、フィレオは友人同士の愛、ストルゲーは家族の愛、そして神の愛をアガペーと言います。まず神の愛は御子イエスを人類の罪の贖いのために与えてくださったことによって証明されました。

神はそのひとり子を賜わったほどに、この世を愛して下さった。それは御子を信じる者がひとりも滅びないで、永遠の命を得るためである。ーヨハネ福音書3章16節

これは感じる・感じないによらず、スーパーナチュラルな事実、霊的領域におけるサブスタンスです。これを認めるのも信仰によります。しかしながら人はやはり感じないと味気ないのです。そこで神はこの愛のサブスタンスを私たちの感情に現してくださいます。神の愛は甘く、平安と喜びに満ちる、実にエクスタシーをもたらす潤いのある愛です。クリスチャンはこの甘い愛を現実的に感じることができるのです。

これは霊的な存在である神の愛を、物理的時空間にいる私たちの感情に感じることができるという意味で、やはりスーパーナチュラルな経験です。私が初めて神の愛に満たされた時には、自分に何が起きたのかわかりませんでした。それは素晴らしいエクスタシーの経験でした。

神はその本質が愛ですから、愛に反することは決してなさいません。よく、神は病気を送って人を訓練するとかいうむきがありますが、それは宗教的な考え方です。イエスはご自身のところに来るすべての病人を癒されたのです。イエスは父なる神の御心を一〇〇パーセント行ったのです。つまり神の御心は病気を癒すことであり、例外はありません。ただし、タイミングとか方法の多様性はあると思います。ともあれ神はあらゆる時に、あらゆる場面で私たちの益のために働いてくださるのです。まことに〝GOD IS GOOD!〟です。

人生になんとなく倦んでいる人、災いばかりが起きると感じている人、自分は呪われているとか、不幸な運命に置かれているなどと感じている人、ぜひこの神の愛に触れてください。自分の罪や失敗などを恐れる必要はありません。すでにイエスが十字架で負ってくださいました。私たちもキリストとともにすでに処刑されました。ですから再度刑罰を受けることはありません（一事不再理の原則）。イエスは十字架で宣言されました。

イエスは、このぶどう酒を受けると、「成し遂げられた」と言い、頭を垂れて息を引き取られた。

―ヨハネ福音書19章30節

そして復活されましたが、その時、信じる者も共に復活し、新しいいのちを得た新しい創造とされたのです。再生された霊は完全であり、神がそのうちに住んでいてくださいます。クリスチャンは天の門であり、神の家です。神は内側から私たちに愛を注ぎ、私たちを支え、私たちを守り、神の国の力によって生きさせてくださるのです。

例えば、一九世紀の英国で投獄経験もありながら、全く人間的組織に頼らずに、ただ信仰によって一万人の孤児を養ったジョージ・ミューラーは、生涯で五万回の祈りの答えを得、庶民の一週間の生活費が一ポンド程度の時代に百五十万ポンドを動かしました。神が私たちの人生に具体的に関わってくださることの実証です。

人生は苦しみばかり、あるいは先が見えないとか、そんな方はぜひイエスに祈ってみてください。「イエス様、私の救い主としてあなたを信じます。私のうちに来てください。

あなたの愛に満たしてください……」と。セリフは自由です。とにかく率直に本心を注ぎ出してイエスの名によって求めることです。神はそのスーパーナチュラルな愛で必ず答えてくださるでしょう。

愛には恐れがない。完全な愛は恐れをとり除く。恐れには懲らしめが伴い、かつ恐れる者には、愛が全うされていないからである。

―第一ヨハネ書4章13節

この愛《アガペー》は生まれつきの魂（感情）由来のものではありません。聖霊によりインパーテーション（分与）される、新しく知る愛です。この時、私たちも神を愛することを知り、人をも愛することができるようになります。こうして律法の本質的趣旨も満たされるのです。

イエスは言われた、「『心をつくし、精神をつくし、思いをつくして、主なるあなたの神を愛せよ』。これがいちばん大切な、第一のいましめである。第二もこれと同様である、『自分を愛するようにあなたの隣り人を愛せよ』。これらの二つのいましめに、律法全体と預言者とが、かかっている」。

―マタイ福音書22章37―40節

愛があるところには信仰が働きます。愛に満たされれば満たされるほど、私たちの神への信仰も増し加わるのです。

キリスト・イエスにあっては、割礼があってもなくても、問題ではない。尊いのは、愛によって働く信仰だけである。

―ガラテヤ書5章6節

このように、いつまでも存続するものは、信仰と希望と愛と、この三つである。このうちで最も大いなるものは、愛である。

―第一コリント書13章13節

▼ポータル７：永遠の世界に生きる

信じる者の特権は神の子とされること、そして創世記で封じられた永遠のいのち《ゾーエ》をいただけることです。

古《いにしえ》の秦の始皇帝も、永遠のいのちを徐福に探させました。大富豪ハワード・ヒューズも永遠のいのちを得るために、医学が進歩した暁に蘇生を願って死体を冷凍保存しているとの真偽不明の逸話もあります。人間はみな、この永遠のいのちに憧れ、なんとかして手に入れようとして努力しているのです。それが医学、分子生物学、遺伝子工学の究極の目的です。

しかし神は、イエスの血の代価に基づいて、無代価でそれを人類に提供されているのです。あまりにも簡単すぎるために、かえって信じられないのです！

◆悪の根源サタンの究極的運命

神と人の敵サタンは、イエス・キリストの十字架により敗北しました。それは法的な効力として、サタンが私たちを束縛し、害を加える権利をなんら有していないことを意味します。ちょうど、リンカーンが奴隷解放宣言をしたことにより、奴隷はまったく存在しなくなりました。法的には、です。現実には、その宣言を知らなかったり、信じなかったりした人々は奴隷状態のままだったでしょう。主人もなるべく手放したくありませんから、その宣言を知らせないようにしたり、嘘だと信じ込ませたりもしたでしょう。しかし、宣言を信じ、その効力を自ら主張した者は身分的にも、実質的にも解放されたのです。ああ、自分はついに自由だ、と！

サタンは現在、偽りをもってキリストの十字架の効力を人々に知らせないようにしています。そして不安や恐れや圧迫や誘惑などにより、人々を死の奴隷状態においているのです。人間の行動の動機はほとんどが不安と恐れにあります。現代ほど不安や恐れに満ちた時代はありません。ドラッグ、アルコール、精神安定剤、抗うつ剤などが多量に消費されているのです。不安や恐れや圧迫などのルーツは実は霊的なものです。これを不安の霊、恐れの霊と呼びます。この霊が人々のマインドに囁きかけるのです。よって薬物では本質的に解決できません。現代の精神医学も脳科学も、この霊的要因を除外しています。数年前、WHOが「霊的健康」という概念を提唱しました。そろそろ霊的要因を考慮すべき時代になっていると筆者は考え、**『霊精神身体医学』**を提唱しています（詳細は拙著『真理はあなたを自由にする』リバイバル新聞社刊)。

さて、イエスはサタンについてこう言います。

あなたがたは自分の父、すなわち、悪魔から出てきた者であって、その父の欲望通りを行おうと思っている。彼は初めから、人殺しであって、真理に立つ者ではない。彼のうちには真理がないからである。彼が偽りを言うとき、いつも自分の本音をはいているのである。

――ヨハネ福音書8章44節

盗人が来るのは、盗んだり、殺したり、滅ぼしたりするためにほかならない。

――ヨハネ福音書10章10節

そしてイエスの出現の目的は、

神の子が現れたのは、悪魔のわざを滅ぼしてしまうためである。

――第一ヨハネ書3章8節

とあり、

このように、子たちは血と肉とに共にあずかっているので、イエスもまた同様に、それらをそなえておられる。それは、死の力を持つ者、すなわち悪魔を、ご自分の死によって滅ぼし、……

―ヘブル書2章14節

とあります。これは十字架で成就しています。そして黙示録では究極的にサタンという存在自体が火の池に放り込まれるのです。

そして、彼らを惑わした悪魔は、火と硫黄との池に投げ込まれた。そこには、獣もにせ預言者もいて、彼らは世々限りなく日夜、苦しめられるのである。

―黙示録20章10節

人を惑わす存在は地から完全に絶たれました。もはや神と人の間を邪魔する者はいないのです！

◆スーパーナチュラルな魂の造り変え――トランスフォーメーション

先に述べたように、神はご自身が聖であるように私たちも聖であれと言われます（レビ記11章45節）。私たちは何か神の聖を自分たちとはかけ離れた性質であって、一種の畏怖の念を生ぜしめ、さらには到達不可能であるかのように感じて途方にくれる感じを抱くことがあります。このような過酷な要求を思うと、とてもではないが信仰生活を全うすることはできないと、ある種の〝絶望感〟すら感じてしまうのです。

実は、真理によると、感謝なことに神の目にあって私も立派な聖徒（Saint）なのです。このような〝絶望感〟とか難行苦行へのいざないは、聖の意味を誤解することから生まれます。聖のもともとの意味は「神へと分離されること」です。信じる者は信仰によってキリストを受け入れた時、暗闇の支配下から御子の光の国の支配下へと移されました（コロサイ書1章13節）。この時点で〝聖とされた〟のです。

すなわちそれは私たちのもろもろの属性によるのではなく、ただ神のみわざのゆえです。

これは信仰を得た時のことであり、ただ一回性のものです。あるいは立場上の聖化（客観的聖化）と言えます。これは歴史的な確固たる事実です。そしてこの立場はいかなる事態があったとしても決して動かない事実であって、この事実の上に私たちは安息してよいのです。

しかしながら、自分を見る時に、やはり神に対してふさわしくないいくつもの要素を感知します。大脳は旧創造に属するからです。これを見つめれば見つめるほど、私たちは神の前での確信を失ってしまいそうに感じますが、ここでのポイントは悔い改めにあります。自分において神にふさわしくないと感じる要素を見出した時には、ただちにそれを告白しましょう。神に対して隠す必要などは一切ありません。そしてそれをイエスの血で洗い流していただけばよいのです。その時、ただちに聖霊の臨在にある平安と安息が戻ることでしょう（第二コリント書7章10節）。このようにして、

私たちはみな、顔のおおいを取りのけられて、鏡のように主の栄光（注）を反映させながら、栄光から栄光へと、主と同じかたちに姿を変えられて行きます。これはまさに、御霊なる主の働きによるのです。

―第二コリント書3章18節

これが魂の造り変え（トランスフォーメーション）、または聖化ですが、私たち自身の意志の努力によるものではありません。それは果てしない罪責感を生むだけです。聖霊によるのです。聖書で言う聖化とは、すでに得ているキリストのいのち（ゾーエ）とその性質が私たちのうちに再構成されることです。パウロは「キリストがうちに形作られる」と言っています（ガラテヤ書4章19節）。旧いアダム族の価値観・物の見方・意思決定・行動パターンなどが消去されて、新しいキリスト族のそれらが書き込まれるのです。喩えると、「プログラムの書き換え」と言えます。これが「神の御性質にあずかる」ことです（第二ペテロ書1章4節）。

（注）栄光とは、ヘブル語では〝kabod〟、その意味は「重さ」です。神に触れることは栄光であり、それは重さとして感じられます。神の栄光が望むとき、旧約では祭祀たちが立って奉仕できなくなりました。私たちも同じ経験をします。神のわざはすべて栄光の中でなされるのです。

聖霊は魂の意識の領域も無意識の領域も探ってくださり、過去の傷やトラウマなどから解放してくださるのです。このような聖霊の働きはいわば**主観的聖化**と言えますが、これは私たちの肢体に原罪が内住している現在においては、人生を通しての過程であって、決して一夜にしてなるものでもなく、また焦燥感にかられての難行苦行によって達成できるものでもありません（コロサイ書2章23節）。

それは聖霊の時期に応じた、聖霊の方法による、聖霊のわざであって、私たちの責任ではありません。私たちの責任は、ただ御言葉と聖霊の導きに対する信仰と従順のみです。ですからペテロも「聖なる者となりなさい」ではなく、「聖なる者とされなさい」と言っているのです（第一ペテロ書1章15節）。

ここに自分を見て失望する必要のない、神の御手にすべてを委ね、安息できる根拠があります。実は、自分では不可能であると知ることは解放です。自分の髪を引張って飛べないことで悩む人はいません。

平和の神ご自身が、あなたがたを全く聖なる者としてくださいますように。主イエス・キリストの来臨のとき、責められるところのないように、あなたがたの霊、たましい、からだが完全に守られますように。あなたがたを召された方は真実ですから、きっとそのこ

とをして下さいます。
――第一テサロニケ書5章23―24節（新改訳）

この約束に安息すればよいのです。

信じる者はすでにキリストのご自身の捧げ物によって聖なる者とされ、永遠に全うされています（ヘブル10章14節）。そしてその客観的事実に基づいて、人の側の信仰と従順において働かれる聖霊のわざにより、内にいますキリストの御性質に従った感じ方・考え方・立ち居振る舞いをすることができるようになり、神の御性質に与り、表現する者とされるのです（第一コリント書6章20節、ガラテヤ書4章19節、コロサイ書1章22節）。これが主観的聖化の経験です。

こうして、このヨハネの祈りが成就します。

愛する者よ。あなたの魂がいつも繁栄していると同じく、あなたがすべてのことに繁栄し、またすこやかであるようにと、わたしは祈っている。
――第三ヨハネ書1章2節（原語）

あらゆることにおける繁栄と健やかさは魂の繁栄からもたらされるのです。そのスタートがマインドの再構成、トランスフォーメーションなのです。

◆スーパーナチュラルな体を得る――グロリフィケーション

もし、キリストがあなたがたの内におられるなら、からだは罪のゆえに死んでいても、霊は義のゆえに生きているのである。

―ローマ書８章10節

これが現経綸にあるクリスチャンの実存的あり方です。霊は完全でも体が旧いまま、ここに諸々の葛藤が生じる原因があります。ある意味で霊的領域と物理的時空間に引き裂かれているのです。

イエスの復活の項で述べたように、復活後のイエスは戸がしまっていたのに自由に出入りができました。しかし幽霊ではなく、骨も肉もあることを示されました。さらには魚を食べたりもしました。

これらのことを話している間に、イエスご自身が彼らの真中に立たれた。彼らは驚き恐れて、霊を見ているのだと思った。

するとイエスは言われた。「なぜ取り乱しているのですか。どうして心に疑いを起こすのですか。わたしの手やわたしの足を見なさい。まさしくわたしです。わたしにさわって、よく見なさい。霊ならこんな肉や骨はありません。わたしは持っています」。

それでも、彼らは、うれしさのあまりまだ信じられず、不思議がっているので、イエスは、「ここに何か食べ物がありますか」と言われた。

それで、焼いた魚を一切れ差し上げると、イエスは、彼らの前で、それを取って召し上がった。

―ルカ福音書24章36―43節

復活後の彼の体は何か私たちの体とは変わってしまったようです。先に述べたように、これは霊の体と呼ばれています。傷は残っており、骨も肉もあるのですが、物理的なものに拘束されない、不思議な、つまりスーパーナチュラルな体です。そして聖書はクリスチャンの最後の希望がこの体の変貌であると告げるのです。

というのは、ラッパが響いて、死人は朽ちない者によみがえらされ、わたしたちは変えられるのである。

―第一コリント書15章52節

これを栄光化（グロリフィケーション）と呼びます。このとき神の子が完全に出現するのです。パウロはこう言っています。

被造物は、実に、切なる思いで神の子たちの出現を待ち望んでいる。なぜなら、被造物が虚無に服したのは、自分の意志によるのではなく、服従させたかたによるのであり、かつ、被造物自身にも、滅びのなわめから解放されて、神の子たちの栄光の自由に入る望みが残されているからである。

実に、被造物全体が、今に至るまで、共にうめき共に産みの苦しみを続けていることを、わたしたちは知っている。それだけではなく、御霊の最初の実を持っているわたしたち自身も、心の内でうめきながら、子たる身分を授けられること、すなわち、からだのあがなわれることを待ち望んでいる。

―ローマ書8章19－24節

ではこれはいつ起きるのでしょうか。携挙の時です。聖書ではイエスは再度地上に戻って来られると約束されています。

イエスが上って行かれるとき、弟子たちは天を見つめていた。すると、見よ、白い衣を着た人がふたり、彼らのそばに立っていた。

そして、こう言った。「ガリラヤの人たち。なぜ天を見上げて立っているのですか。あなたがたを離れて天に上げられたこのイエスは、天に上って行かれるのをあなたがたが見たときと同じ有様で、またおいでになります」。

―使徒行伝1章10―11節（新改訳）

これを再臨といいますが、旧約のゼカリヤ書にも預言されています（14章4節）。この少し前に（時期は諸説有り）、信じる者は空中に引き上げられ、地上に降りる前のイエスと会うことが約束されています。これが携挙《ラプチャー》です。ニコラス・ケイジ主演の映画『レフト・ビハインド』は、これをテーマにしています。

それから生き残っているわたしたちが、彼らと共に雲に包まれて引き上げられ、空中で

主に会い、こうして、いつも主と共にいるであろう。

―第一テサロニケ書4章17節

このようにして、**霊の再生**から開始されたスーパーナチュラルな神の救いのわざは、**魂の聖化**を経て、ついに**体の栄光化**で完成に至ります。この栄光の体は原罪の住んでいない、イエス・キリストとまったく同じスーパーナチュラルな霊の体なのです。永遠に滅びることのない体。これが信じる者たちの究極の希望です。そこでクリスチャンは、否、全被造物がイエス・キリストの再臨を待ち望んでいるわけです。

◆スーパーナチュラルな世界の完成――神と人が調和して共に生きる

そもそも神はなぜ宇宙や人を創造されたのか、これは神秘《ミステリー》です。アインシュタインもそれを物理学で追求しました。聖書は神が天地を統治するためのパートナーが欲しかったと啓示します。アダムを造られた時、神は言われました。

人が、ひとりでいるのは良くない。わたしは彼のために、彼にふさわしい助け手を造ろう。

―創世記2章18節

この言葉は、なんとなくご自分の独白かのようにも感じられるのです。事実、エバは眠らされたアダムの脇腹の骨から造られました。

そこで主なる神は人を深く眠らせ、眠った時に、そのあばら骨の一つを取って、その所を肉でふさがれた。
主なる神は人から取ったあばら骨でひとりの女を造り、人のところへ連れてこられた。
そのとき、人は言った。「これこそ、ついにわたしの骨の骨、わたしの肉の肉。男から取ったものだから、これを女と名づけよう」。
それで人はその父と母を離れて、妻と結び合い、一体となるのである。

―創世記2章21―24節

そしてアダムとエバの結婚は、キリストと教会（エクレシア）の関係の象徴であるとパウロは語ります。

「それゆえに、人は父母を離れてその妻と結ばれ、ふたりの者は一体となるべきである」。この奥義は大きい。それは、キリストと教会とをさしている。　－エペソ書5章31－32節

え、「教会」ってあの十字架のある建物でしょう？　いいえ、違います。「教会」という訳語が適切ではないのです。ギリシャ語ではエクレシア（Ekklesia）。エクとは「から」、クレシアは「カレオー」から来ており、「呼び出す」の意味です。つまりエクレシアとは「呼び出された人々」です。建物でもなく、宗教団体（法人）でもなく、ひとりひとりの信者の集合体です。それはキリストの復活のいのちを吹き込まれたスーパーナチュラルかつ有機的な新創造なのです。

エバはアダムが眠らされた間に脇腹の傷の骨から造られました。骨には造血作用があり、聖書ではいのちは血の中にあると言います。

肉の命は血にあるからである。あなたがたの魂のために祭壇の上で、あがないをするた

め、わたしはこれをあなたがたに与えた。血は命であるゆえに、あがなうことができるからである。

―レビ記17章11節

つまりエバはアダムのいのちを分かち得た存在です。キリストは十字架上で脇腹をやりで刺されました。その傷から血と水が流れました。エクレシアは、御霊と血と水から生み出されたのです。なぜなら、

あかしをするものが、三つある。御霊と水と血とである。そして、この三つのものは一致する。

―第一ヨハネ書5章7―8節

つまりエクレシアは、アダムにとってのエバのように、キリストにとっての分身、いのちの共有体として、キリストの肉の肉、骨の骨とされたのです。アダムとエバの結婚はキリストとエクレシアの結婚の象徴です。そして黙示録でその完成が見られます。

わたしはまた、新しい天と新しい地とを見た。先の天と地とは消え去り、海もなくなっ

てしまった。聖なる都、新しいエルサレムが、夫のために着飾った花嫁のように用意をととのえて、神のもとを出て、天から下って来るのを見た。
また、御座から大きな声が叫ぶのを聞いた、「見よ、神の幕屋が人と共にあり、神が人と共に住み、人は神の民となり、神自ら人と共にいまして、人の目から涙を全くぬぐいとって下さる。もはや、死もなく、悲しみも、叫びも、痛みもない。先のものが、すでに過ぎ去ったからである」。

―黙示録21章1－4節

新しいエルサレムとは、エクレシアの完成された姿です。クリスチャンは、神のイスラエルと呼ばれます。

割礼のあるなしは問題ではなく、ただ、新しく造られることこそ、重要なのである。この法則に従って進む人々の上に、平和とあわれみとがあるように。また、神のイスラエルの上にあるように。

―ガラテヤ書6章15－16節

イスラエルの中心がまさにエルサレムです。エルサレム（Jerusalem）とは、エル＝都市、サレム＝平安、つまり「平安な都」の意味です。神のご計画とは、創世記でアダムとエバの結婚で開始され、黙示録では神の小羊（イエス）と新エルサレムの結婚で完成します。これが「**結婚の奥義**」です。神と人が平安に調和して共に住むこと。これこそが神の御心の中心です。かくして聖書は「結婚の書」と呼ぶべき書物です。それは私たちの通常のマインドを超えたスーパーナチュラルな結婚です。

黙示録はすべて完了形で書かれています。時空間を超えた神の永遠の現在においては、すでにすべては完成しているのです。それが**神の信仰**です。その神は〝I AM〟。それが私の人生の時系列の中に信仰により一つひとつ展開していきます。信仰はいわば〝I AM〟を実体化し、神の永遠の現在が私の有限の時空間に切り込む経験と言えるのです。

これらのことをあかしするかたが仰せになる、「しかり、わたしはすぐに来る」。アーメン、主イエスよ、きたりませ。

―黙示録22章20節

エピローグ

いかがでしたでしょうか。聖書はジグソーパズルのように真理のピースが散りばめられています。本書では冒頭述べたようにエッセンスを抽出し、それらを一枚の絵巻物にしてみました。世で普通に理解されているいわゆる「キリスト教」の神学、教義、思想、道徳や倫理、宗教儀式や伝統などとはちょっと視点が違っていたと思います。

要点は、罪により神から切り離され、霊の死んだ人は、イエスの贖いにより罪が赦され、その霊が再生されます。その霊の中に神が住まいを造られ、私たちの魂（知・情・意）を造り変えてくださいます。イエスの再臨により、究極的にこの死ぬべき体が栄光の体に変貌されます。このようにして神と人がまったくの調和の中に生きる世界が到来します。

エクレシア（召し出された者たち）とはキリストの復活のいのち《ゾーエ》を吹き込まれた存在、新創造であり、新しい人類《ネオ・ホモサピエンス》です。その霊はポータルとして神の国へと開いており、神の力によって癒しやしるし・不思議・奇跡などを成し得ます。それはただ信仰によります。信仰とは霊的領域のサブスタンスをつかみ、この物理的時空間に現出させることです。このときに私たちのマインドが聖書の世界観に従ってトランスフォームされている必要があります。マインドはスーパーナチュラルな世界とナチュラルな世界の接点にあるからです。
新しい人類とは、アダム族からキリスト族に生まれ変わった者のことであり、これがエクレシアです。神の目にはひとりの新しい人です。エクレシアはキリストにとってのエバのような存在であり、ついには結婚し、神と人が調和と平安の中で生きるのです。
このような話を初めて聞かれた方は荒唐無稽と思われるでしょう。しかし、これが聖書に書かれているエッセンスです。聖書は普通の書物ではありません。しばしば神話とか寓話にしてしまう傾向がありますが、すべてはリアルです。霊的領域と物理的世界の狭間にあって、人類を神へと帰還させるために聖霊のインスピレーションによって書かれました。

聖書は、すべて神の霊感を受けて書かれたものであって、人を教え、戒め、正しくし、義に導くのに有益である。

―第二テモテ書3章16節

聖書はもともとがスーパーナチュラルなものです。イエス自身もスーパーナチュラル、クリスチャンもその人生もスーパーナチュラル。なぜなら神ご自身がスーパーナチュラルな存在ですから。その方があえて人となって人類の歴史に介入され、人類の罪を負い、十字架で死なれた。そして三日目に復活された。これこそが聖書の核心です。

わたしが最も大事なこととしてあなたがたに伝えたのは、わたし自身も受けたことであった。すなわちキリストが、聖書に書いてあるとおり、わたしたちの罪のために死んだこと、そして葬られたこと、聖書に書いてあるとおり、三日目によみがえったこと……

―第一コリント書15章3―4節

あらゆる人生の困難、苦難、病気などの試練に対して聖書はこう語ります。

あなたがたの会った試錬で、世の常でないものはない。神は真実である。あなたがたを耐えられないような試錬に会わせることはないばかりか、試錬と同時に、それに耐えられるように、のがれる道も備えて下さるのである。

―第一コリント書10章13節

そうです、逃れる道、天のポータルが開かれているのです。ひとりの違反により罪が入り、結果的に死が入り、その恐れに閉じ込められている人類を究極的に救うのは十字架による死と復活です。それはスーパーナチュラルな現象。そのスーパーナチュラルに参加する特権が、信じる者に与えられているのです。その世界を旅し、体験し、立証するのはあなた自身です。それを欲しい方はぜひ次の祈りを口に出して祈ってみてください。

主イエスよ、あなたが私の罪を負われ、十字架で裁きを受けてくださったことを感謝します。私は今、あなたを私の救い主として信じ、受け入れます。あなたの死はアダムにある私の死、あなたの復活はキリストにある私の復活。それにより私を新創造としてください。信仰によりスーパーナチュラルな世界に生きることを願います。イエスの御名により、アーメン。

謝辞

身にあまる推薦文をいただきました、人生と信仰の先達にして母校の先輩でもある仲嶋正一先生に深く感謝申し上げます。サイエンティストとしても多大なる業績のある先生と亡き奥様のご著書『み神を慕いて』（文芸社）を改めて推薦させていただき、先生の増々のご活躍と神の祝福をお祈り申し上げます。

文芸社編集局理事の長沢邦武氏には全面的なバックアップをいただきました。同氏の慧眼に対して敬意と感謝の意を表します。また編集部の宮田敦是氏と企画部の山田宏嗣氏のご尽力にも感謝致します。

本書が一宗教体系としての「キリスト教」ではなく、生けるキリストに出会う契機となれば幸いです。God bless you!

主の二〇一五年八月二十八日結婚33年記念日に

著者識

著者プロフィール

Dr. ルーク・カラサワ（どくたー　るーく・からさわ）

本名：唐沢　治（からさわ　おさむ）
・1956年、東京で生まれる。
・1982年、東京大学医学部保健学科卒業。
・1988年、東京大学医学系大学院基礎医学専門課程修了（医学博士）。予備校、大学講師を歴任。
・専門は精神病理学、生体現象の数理モデルなど。
・1993-1995年、英国Kingdom Faith Bible College（C. C.）修了。
・1999年より、Kingdom Fellowship Ministries（キングダム・フェローシップ・ミニストリー）代表、同チャーチ・パスター。
・専門論文の他、信仰関係著作として、『真理はあなたを自由にする』（リバイバル新聞社刊）、同ワークブック、レクチャー・ビデオ（VHS・DVD）2巻、および雑誌・新聞記事多数がある。
・創造主なる神（GOD）とその言葉（聖書）を「キリスト教」という宗教から解放すべく、サイエンティストとしての立場から読み解き、その解説は明快かつ理解しやすいと定評がある。また『霊精神身体医学』を提唱している（mixiにコミュがある）。
・HP：http://www.kingdomfellowship.com ／ Blog：http://blog.dr-luke.com
・YouTube Channel：https://www.youtube.com/c/DrLukeKarasawa

神の新創造　GOD'S NEW CREATION

聖書に啓示された自然法則を超えるマインドのパワー

2015年11月15日　初版第１刷発行
2017年12月５日　初版第２刷発行

著　者　Dr. ルーク・カラサワ
発行者　瓜谷 綱延
発行所　株式会社文芸社
〒160-0022　東京都新宿区新宿1－10－1
電話　03-5369-3060（代表）
03-5369-2299（販売）

印刷所　株式会社フクイン

©Dr. Luke Karasawa 2015 Printed in Japan
乱丁本・落丁本はお手数ですが小社販売部宛にお送りください。
送料小社負担にてお取り替えいたします。
本書の一部、あるいは全部を無断で複写・複製・転載・放映、データ配信することは、法律で認められた場合を除き、著作権の侵害となります。

ISBN978-4-286-16761-9